Was bleibt von uns, wenn das Wasser kommt

belmonte

Was bleibt von uns, wenn das Wasser kommt

Einsatz generativer KI in erzählender Literatur

Draupadi Verlag

belmonte:
Was bleibt von uns, wenn das Wasser kommt
Einsatz generativer KI in erzählender Literatur

Heidelberg: Draupadi Verlag, 2025

ISBN 978-3-949937-05-7

Copyright © 2025: Draupadi Verlag
Copyright © 2025 für die fünf Kurzgeschichten: belmonte

Kontaktadresse nach EU-Produktsicherheitsverordnung:
info@draupadi-verlag.de

Draupadi Verlag
Dossenheimer Landstraße 103
69121 Heidelberg

info@draupadi-verlag.de
www.draupadi-verlag.de

Cover: Carolin Paula Hanzel

Inhalt

Frau im Glashaus   7

1. Einleitung   13

1.1. Einführung in generative KI-Technologien   13
1.2. Die Rolle von KI im kreativen Schreiben   15
1.3. Zielsetzung und Struktur des Buches   17

2. Grundlagen der KI-gestützten Texterstellung   21

2.1. Technologische Grundlagen: Wie funktionieren Sprachmodelle?   21
2.2. Unterschiede zwischen verschiedenen KI-Modellen   22
2.3. Vor- und Nachteile des Einsatzes von KI im literarischen Schreiben   25

Zusammenbruch in Bismarck   29

3. Charakterentwicklung mit KI   35

3.1. Erstellung von Charakterbiografien mit KI   35
3.2. Nutzung von KI zur Entwicklung von Charakterdynamiken und -interaktionen   38
3.3. Praktische Übungen zur Nutzung von KI in der Charaktergestaltung   40

4. Plotgestaltung   45

4.1. Nutzung von KI-Tools zur Entwicklung von Handlungsbögen   45
4.2. KI-Tools zur Generierung von Plot-Ideen und Konfliktszenarien   48
4.3. Einsatz von KI zur Verfeinerung und Verbesserung bestehender Geschichten   51

Wir haben ihn verloren   55

5. Dialoge und stilistische Feinheiten 63

5.1. Einsatz von KI zur Generierung realistischer und
     überzeugender Dialoge 63
5.2. KI-Tools zur Analyse und Anpassung des Schreibstils 67
5.3. Beispiele und Übungen zur stilistischen Anreicherung von
     Texten durch KI 70

6. Welt- und Settinggestaltung 75

6.1. Nutzung von KI zur Entwicklung von faszinierenden Settings und
     Welten 75
6.2. Beispiele für KI-generierte Beschreibungen von Orten und Zeiten 78
6.3. Kreative Herausforderungen im Weltbau und Lösungen durch KI 81

Ich schaffe es nicht allein 87

7. Kreatives Schreiben und KI 99

7.1. Integration von KI in den kreativen Schreibprozess 99
7.2. Beispiele von Autor:innen, die KI erfolgreich in ihrem
     Schreibprozess integriert haben 103
7.3. Ethische und praktische Überlegungen beim Einsatz von KI
     im kreativen Schreiben 108

8. Zukunftsaussichten 113

8.1. Zukünftige Entwicklungen in der KI-Technologie und deren
     Einfluss auf das literarische Schreiben 113
8.2. Die mögliche Rolle der KI in der zukünftigen Literatur 116
8.3. Abschlussbetrachtungen 123

Was bleibt von uns, wenn das Wasser kommt 129

Nachwort 137

Frau im Glashaus

Regen peitscht gegen die Scheiben des Hochhauses,
Elena Popescu starrt auf die beleuchtete Skyline,
Frankfurt ein kaltes Gebilde aus Glas.
So kalt,
wie die Nacht in Cluj-Napoca im Winter,
als wir alle zusammensaßen,
Mama Geschichten erzählte,
Wärme in ihrer Stimme,
ihr Lachen,
kann es kaum noch hören durch die unsichtbare Mauer,
Frankfurt – anders,
nicht nur die Luft,
die Straßen,
glänzenden Gebäude,
das durchsichtige Ungeheuer,
das mich verschluckt und ausspuckt,
jeden Tag.
Elena denkt an ihr Zuhause,
erinnert sich an die Abende,
die Gerüche von Sarmale,
von Mămăligă,
das Lachen der Geschwister.
Hatte so viele Träume,
besseres Leben,
etwas Stolz,
habe mich hierher verirrt,
von Cluj-Napoca,
durch all die Tage und Nächte,
die Busfahrten,
Koffer,
hier putze ich den Boden,
wische den Dreck weg,
den Staub,
jede Nacht.

Frankfurt hat mit seinem Glanz gelockt,
Versprechen für eine glänzende Zukunft,
vor drei Jahren,
Abschlüsse nicht anerkannt,
statt Karriere Reinigungskraft,
kaum genug zum Überleben,
gezwungen,
jede Arbeit anzunehmen.
Unsichtbar,
niemand sieht mich hier,
Menschen laufen an mir vorbei,
werfen Papier auf den Boden,
hebe es auf,
die glänzenden Schuhe,
Abdrücke auf den Fliesen,
die ich poliere,
keine Zeit für Träume,
eine Gestalt im Schatten,
drehe meine Runden,
von einem Zimmer zum nächsten,
ohne Pause,
ein Gerät,
das funktioniert,
bis es zerbricht.
Ihre Erinnerungen verschwimmen mit ihrem jetzigen Leben,
jeder Tag fühlt sich endlos an,
die Miete hoch,
das Leben teuer,
ihre Schulden hier und zu Hause häufen sich,
Kreis aus Arbeit,
Schlaf,
Erschöpfung,
unsichtbar,
ein Schatten,
der nachts durch die leeren Büroräume gleitet,
die Spuren des hektischen Tages beseitigt,

ihre Hände rau,
Augen müde,
sie putzt im 20. Stock,
trifft auf Alexander Richter,
Sicherheitschef des Gebäudes,
ein Mann in den Vierzigern,
hochgewachsen mit einem ernsten Gesichtsausdruck,
hat sie schon oft gesehen,
nie wirklich wahrgenommen,
heute ist etwas anders,
er sieht die Traurigkeit in ihren Augen,
fragt vorsichtig:

„Geht es Ihnen gut?"

Elena überrascht von der Aufmerksamkeit,
lange her,
dass jemand sich nach ihrem Befinden erkundigt hat,
zwingt sich zu einem Lächeln.

„Es geht schon.
Danke."

Alexander,
der Sicherheitschef,
der Mann mit den Augen,
die mehr sehen,
als sie sehen sollten,
was sieht er?
Eine verlorene Seele?
Eine Frau,
die ihre Familie verlassen hat,
um in einem Land zu arbeiten,
in dem niemand ihre Geschichte kennt?
Seine Worte haben mich berührt,
inmitten der Kälte,

meine Erinnerungen,
das Haus am Stadtrand,
die Stimmen der Nachbarn,
die mich rufen,
alles weit weg,
kann ich zurück?
Was wäre ich dort?
Rückkehr aus dem Nichts.
Alexander bleibt stehen,
unsicher,
ob er bleiben soll,
sieht ihr Lächeln,
ihre Traurigkeit.

„Wenn Sie jemanden zum Reden brauchen,
ich bin hier."

Reicht ihr eine Karte mit seiner Telefonnummer.
Er weiß nichts von dem Druck auf meiner Brust,
den Schulden,
den Rechnungen,
die sich stapeln,
Angst,
nicht genug zu haben,
genug zu sein,
jeden Monat dasselbe Spiel,
endloses Rechnen,
wie viel ich zahlen,
wie viel ich behalten kann,
am Rand der Verzweiflung,
wenn ich versage,
wenn ich nicht mehr entkomme.
Am nächsten Tag,
allein in ihrer winzigen Wohnung,
hält Elena die Karte in ihren Händen,
denkt an ihre tote Mutter in Rumänien,

ihre Träume,
die verblassen,
fühlt Dankbarkeit für Alexanders Angebot,
fühlt tiefe Unsicherheit.
Frankfurt aus Glas,
ein trügerisches Versprechen,
jede Straße,
jedes Gebäude eine andere Geschichte,
meine Geschichte geht verloren.
Die Wochen vergehen,
der Gedanke an Alexanders Karte lässt sie nicht los,
sie greift zum Telefon,
ruft ihn an,
er weiß sofort,
wer sie ist,
sie findet einen Zuhörer,
er hört zu,
sie hat das Gefühl,
nicht allein zu sein,
Alexander erzählt ihr von seiner eigenen Vergangenheit,
ihre Gespräche eine kleine Hoffnung.
Die Tage in meinem winzigen Zimmer,
wenn die Heizung ausfällt,
die Kälte durch jede Ritze schleicht,
die Stille,
die meine Gedanken übertönt,
mich umhüllt,
festhält,
mich nicht loslässt,
starre an die Decke,
denke an die flüchtigen Träume.
Die kalten Wintermonate bringen nicht nur physische Kälte,
die Heizung bleibt kalt,
kaum noch Geld,
eines Abends ist Elena auf dem Weg zur Arbeit,
in ihrer Tasche eine Flasche Wein,

Schachtel Tabletten,
fährt in den 20. Stock,
starrt auf die Lichter der Stadt.
Das Fenster,
der kalte Nachtwind auf meiner Haut,
die Stadt unter mir,
ein Meer aus Licht,
darunter Schatten,
kann ich fallen?
Wenn ich einfach loslasse,
wäre ich eine weitere Seele in der Nacht?
Ihre zitternden Hände am Fenster,
sie tritt hinaus in die kalte Nacht,
die Stadt unter ihr,
schließt die Augen,
nimmt einen tiefen Atemzug und lässt sich fallen.
Ein leises Flüstern,
ein kaum hörbarer Hauch inmitten der Lichter,
ein Funke,
der in meinem Inneren glimmt,
Erinnerung an ein Lächeln,
irgendwo,
wird es einfach vergehen,
wie alles andere.

Die Nachrichten am nächsten Morgen berichten von dem
    tragischen Unglück,
eine Frau aus dem 20. Stock eines Hochhauses gestürzt,
die Menschen lesen die Meldung,
schütteln den Kopf,
Alexander ist erschüttert,
macht sich Vorwürfe,
erinnert sich an ihre Freundlichkeit,
ihre leise Stärke,
ihren verzweifelten Wunsch nach einem besseren Leben,
seine kleine Geste hat nicht ausgereicht,
vielleicht gab es einen Weg.

1. Einführung

1.1. Einführung in generative KI-Technologien

Definition von generativer KI

Der Begriff Generative Künstliche Intelligenz – im Englischen Generative AI (GenAI) – bezieht sich auf Technologien, die Inhalte bzw. Daten analysieren, daraus lernen und auf dieser Grundlage neue Inhalte erzeugen können, die bestimmten Mustern oder Regeln entsprechen. Diese Inhalte können Texte, Bilder, Musik und mehr umfassen. Im Kern nutzen generative KI-Modelle riesige Mengen von Beispieldaten, um zu lernen, wie spezifische Outputs erzeugt werden können, die nicht nur neu, sondern auch sinnvoll und kohärent sind.

Haupttypen generativer Modelle

- **Generative Adversarial Networks (GANs)**: GANs bestehen aus zwei Teilen, einem Generator und einem Diskriminator. Der Generator erstellt neue Datenobjekte, während der Diskriminator bewertet, ob diese Objekte echt oder falsch sind. Durch diesen kontinuierlichen Prozess lernt der Generator, immer bessere Ergebnisse zu produzieren. GANs werden häufig verwendet, um realistische Bilder und Videos zu generieren, die kaum von echten zu unterscheiden sind.

- **Variational Autoencoders (VAEs)**: VAEs sind darauf ausgelegt, einen Datensatz in einen kleineren, dichten Vektorraum zu kodieren und daraus neue Daten zu generieren, die den trainierten Daten ähneln. Sie arbeiten, indem sie die Daten in eine komprimierte Form bringen und dann versuchen, die Originaldaten aus dieser Form zu rekonstruieren. VAEs finden oft Einsatz in der Bildbearbeitung und -verbesserung, beispielsweise beim Entfernen von Bildrauschen oder beim Füllen von Bildlücken.

- **Transformer-basierte Modelle**: Diese Modelle verwenden die sogenannte Transformer-Architektur, die besonders effektiv in der Verarbeitung von Sequenzen ist, wie sie bei Texten vorkommen. Transformer arbeiten mit Mechanismen wie „Attention" (Aufmerksamkeitsmechanismus), die es dem Modell ermöglichen, wichtige Informationen in den Eingabedaten zu priorisieren. Bekannteste Beispiele sind OpenAI's GPT (Generative Pretrained Transformer) und Google's BERT (Bidirectional Encoder Representations from Transformers), die in der Lage sind, Texte zu generieren oder Textverständnisaufgaben zu lösen.

Fortschritte in den vergangenen Jahren

In den vergangenen Jahren haben generative KI-Modelle bedeutende Fortschritte gemacht, insbesondere im Bereich der Textgenerierung. Schon frühe Modelle wie GPT-3 haben gezeigt, dass sie in der Lage sind, zusammenhängende und komplexe Texte zu verfassen, die von menschlichen Schreibweisen kaum zu unterscheiden sind. Diese Modelle nutzen tiefe neuronale Netzwerke, die auf einer Vielzahl von Textdaten trainiert wurden, um Sprachmuster, Grammatik und sogar stilistische Nuancen zu lernen.

Anwendungen im Textbereich

Generative KI-Technologien werden zunehmend in Bereichen eingesetzt, die eine automatisierte Textproduktion erfordern. Dazu gehören:

- **Content-Erstellung**: Automatisches Verfassen von Nachrichtenartikeln, Blogbeiträgen und Werbetexten.

- **Kreatives Schreiben**: Unterstützung von Autor:innen bei der Erzeugung von literarischen Texten, Gedichten und Drehbüchern.

- **Interaktion mit Kund:innen**: Erstellung personalisierter E-Mails und Chatbot-Dialoge für verbesserten Kund:innenservice.

Fazit

Generative KI-Technologien revolutionieren die Art und Weise, wie Inhalte erstellt werden, und bieten faszinierende Möglichkeiten, die Kreativität zu erweitern und Routineaufgaben zu automatisieren. Während sie immer fortgeschrittenere Fähigkeiten entwickeln, ist es wichtig, die technischen Grundlagen zu verstehen und die ethischen Implikationen ihrer Anwendung zu berücksichtigen. Für Autor:innen und Kreative bieten diese Technologien sowohl spannende Tools zur Erweiterung ihrer künstlerischen Ausdrucksmöglichkeiten als auch die Herausforderung, ihre Rolle in einer zunehmend von KI geprägten Welt zu definieren, wie in diesem Buch anhand zahlreicher Beispiele und Perspektiven gezeigt wird.

1.2. Die Rolle von KI im kreativen Schreiben

Die Integration von Künstlicher Intelligenz in das kreative Schreiben verändert die Art und Weise, wie Autor:innen Inhalte erstellen, bearbeiten und verfeinern. Diese Technologie bietet eine Vielzahl von Werkzeugen, die den gesamten kreativen Prozess unterstützen, von der ersten Ideenfindung bis zur finalen Textüberarbeitung.

Unterstützung bei der Ideenfindung

KI-Tools können Autor:innen helfen, neue Ideen und Konzepte für ihre Geschichten zu entwickeln. Durch die Analyse großer Datenmengen und das Erkennen von Mustern können diese Tools Vorschläge für Themen, Settings und sogar ganze Handlungsstränge generieren.

Ein KI-Tool wie *Plot Generator* kann auf Basis weniger Parameter eine Vielzahl von Plot-Vorschlägen liefern, die Autor:innen als Ausgangspunkt für detailliertere Geschichten nutzen können. Dies ist besonders hilfreich für Autor:innen, die nach frischen Ideen suchen.

Überwindung von Schreibblockaden

KI kann auch als interaktiver Partner fungieren, mit dem Autor:innen Ideen diskutieren und weiterentwickeln können. Durch das sofortige Feedback können Schreibblockaden effektiv überwunden und der kreative Fluss aufrechterhalten werden.

KI-basierte Schreibassistenten wie *Sudowrite* liefern nicht nur Vorschläge für den nächsten Satz oder Absatz, sondern können auch Alternativen für Wortwahl und Satzbau bieten, die dazu beitragen können, den Text flüssiger und interessanter zu gestalten.

Unterstützung bei der Charakterentwicklung und Plotgestaltung

KI-Tools sind in der Lage, detaillierte Charakterprofile zu erstellen und dabei Aspekte wie Hintergrundgeschichte, Motivationen und Persönlichkeitsmerkmale zu berücksichtigen. Ebenso können sie bei der Strukturierung von Plots helfen, indem sie sicherstellen, dass die Geschichte logisch kohärent und emotional ansprechend ist.

Anwendungen wie *Character Creator* können basierend auf einigen grundlegenden Eingaben erstaunliche Charakterbiografien erstellen. Diese Werkzeuge können auch dazu beitragen, die Interaktionen zwischen den Charakteren zu planen und sicherzustellen, dass ihre Entwicklung im Laufe der Geschichte konsistent bleibt.

Textüberarbeitung und -bearbeitung

KI kann den Überarbeitungsprozess durch fortschrittliche Grammatik- und Stilprüfungen unterstützen. Diese Tools gehen über herkömmliche Rechtschreibprüfungen hinaus, indem sie Vorschläge zur Verbesserung der Klarheit, des Stils und des Tons machen.

Grammarly und *ProWritingAid* sind zwei solcher Tools, die nicht nur grammatische Fehler erkennen, sondern auch stilistische Verbesserungen vorschlagen und dazu beitragen können, den Text zu verfeinern und seine Wirkung zu maximieren.

Vorbehalte und Kritikpunkte

Trotz der vielfältigen Vorteile gibt es auch Vorbehalte und Kritik an der Nutzung von KI im kreativen Schreiben. Kritiker:innen äußern Bedenken hinsichtlich der Originalität und Authentizität von KI-generierten Inhalten. Es gibt Befürchtungen, dass der Einsatz von KI die menschliche Kreativität untergraben und die literarische Qualität mindern könnte. Zudem wird die Frage der Urheberschaft und des geistigen Eigentums in einer Welt, in der Maschinen an der Schöpfung von Kunst beteiligt sind, noch relevanter als bisher. Die Problematik wird weiter unten genauer ausgeführt.

Fazit

KI hat das Potenzial, das kreative Schreiben erheblich zu beeinflussen, indem sie Autor:innen leistungsfähige Werkzeuge zur Verfügung stellt, die den Schreibprozess von der Ideenfindung bis zur Textüberarbeitung unterstützen. Es bleibt jedoch wichtig, dass Autor:innen die Technologie verantwortungsbewusst nutzen und den Einfluss von KI auf die eigene Kreativität kritisch hinterfragen.

1.3. Zielsetzung und Struktur des Buches

Ziel dieses Buches ist es, ein umfassendes und praktisches Verständnis des Einsatzes von Künstlicher Intelligenz im literarischen Schreiben zu vermitteln. Es richtet sich sowohl an Autor:innen, die an der Integration von KI-Technologien in ihren kreativen Prozess interessiert sind, als auch an KI-Enthusiast:innen, die mehr über die Anwendungen von KI in der Literatur erfahren möchten. Durch die Darstellung von technischen Grundlagen, praktischen Anwendungen und ethischen Überlegungen bietet das Buch einen fundierten Einstieg für alle, die verstehen wollen, wie KI das Schreiben und die literarische Kreation beeinflussen kann. Es soll Leser:innen nicht nur technisches Wissen vermitteln, sondern auch dazu inspirieren, die Technologie kreativ und verantwortungsbewusst zu nutzen. Dabei wird besonderer Wert darauf gelegt, sowohl die Möglichkeiten als auch die Grenzen von KI im kreativen Schreibprozess darzulegen.

Das Buch ist in acht Hauptkapitel gegliedert, die jeweils unterschiedliche Aspekte der Interaktion zwischen Künstlicher Intelligenz und literarischem Schreiben behandeln:

- **Kapitel 1: Einleitung** bietet einen Überblick über die grundlegenden Technologien hinter KI-Systemen, die für die Generierung von Inhalten verwendet werden. Es erläutert, wie diese Systeme funktionieren und welche Arten von Inhalten sie erzeugen können.

- **Kapitel 2: Grundlagen der KI-gestützten Texterstellung** beschäftigt sich mit den spezifischen Techniken und Methoden, mit denen KI literarische Texte erstellt. Dies umfasst eine Diskussion über Sprachmodelle und deren Fähigkeit, kohärente und ansprechende Texte zu generieren.

- **Kapitel 3: Charakterentwicklung mit KI** zeigt, wie KI beim Entwurf von Charakterbiografien und -interaktionen helfen kann, um tiefergehende und dynamischere Charaktere zu schaffen.

- **Kapitel 4: Plotgestaltung** untersucht, wie KI Autor:innen bei der Entwicklung von Handlungsstrukturen unterstützen kann, von der Konzeption bis zur Ausführung komplexer Erzählstränge.

- **Kapitel 5: Dialoge und stilistische Feinheiten** fokussiert sich darauf, wie KI bei der Schaffung authentischer und wirkungsvoller Dialoge sowie bei der Anpassung des Schreibstils an unterschiedliche narrative Anforderungen helfen kann.

- **Kapitel 6: Welt- und Settinggestaltung** behandelt den Einsatz von KI bei der Erschaffung überzeugender und detailreicher literarischer Welten, einschließlich geografischer und kultureller Aspekte.

- **Kapitel 7: Kreatives Schreiben und KI** bietet Einblicke in die praktische Anwendung von KI im kreativen Schreibprozess und diskutiert sowohl die kreativen Möglichkeiten als auch die ethischen Herausforderungen.

- **Kapitel 8: Zukunftsaussichten** reflektiert zukünftige Entwicklungen in der KI-Technologie und deren potenziellen Einfluss auf das literarische Schreiben, mit einem Ausblick darauf, wie diese Technologien die Beziehung zwischen Autor:in und Leser:in weiterhin formen könnten.

Jedes Kapitel versucht wo immer möglich theoretisches Wissen mit praktischen Beispielen zu kombinieren, um die Anwendbarkeit der besprochenen Konzepte im realen Schreibprozess zu verdeutlichen. Das Buch schließt mit einer Zusammenfassung der wichtigsten Erkenntnisse und einem Ausblick auf die zukünftige Rolle von KI in der erzählenden Literatur, um den Leser:innen eine fundierte Basis für die Auseinandersetzung mit dieser sich rasch entwickelnden Technologie an die Hand zu geben.

2. Grundlagen der KI-gestützten Texterstellung

2.1. Technologische Grundlagen: Wie funktionieren Sprachmodelle?

Maschinelles Lernen und neuronale Netze

Künstliche Intelligenz (KI) umfasst Systeme oder Maschinen, die menschliche Intelligenz nachahmen, um Aufgaben zu lösen und aus Erfahrungen zu lernen. Maschinelles Lernen (ML) ist ein Zweig der KI, der Algorithmen verwendet, um Daten auszuwerten, Muster zu identifizieren und daraus Vorhersagen abzuleiten.

Neuronale Netze sind ein zentraler Bestandteil vieler KI-Systeme und basieren auf der Funktionsweise biologischer Nervenzellen. Sie setzen sich zusammen aus Schichten künstlicher Neuronen, die Signale empfangen und weitergeben. Jedes Neuron verarbeitet das Signal und leitet es an andere Neuronen weiter. Durch Training entstehen so komplexe Netzwerkstrukturen, die lernen und Entscheidungen treffen können.

Tokenization als Vorverarbeitungsschritt

Bevor ein neuronales Netz Text verarbeiten kann, muss dieser in eine für die Maschine verständliche Form umgewandelt werden. Dieser Prozess wird als Tokenization bezeichnet. Dabei wird der Text in kleinere Einheiten, sogenannte Tokens, zerlegt, die Wörter oder Satzzeichen repräsentieren können. Diese dann in numerische Daten umgewandelten Tokens können von neuronalen Netzen verarbeitet werden.

Training von Sprachmodellen

Sprachmodelle wie GPT (Generative Pre-trained Transformer) und BERT (Bidirectional Encoder Representations from Transformers) lernen, Text zu verstehen und zu generieren, indem sie auf großen Mengen von Textdaten trainiert werden. Dieses Training erfolgt in zwei Hauptphasen:

- **Vortraining**: In dieser Phase lernt das Modell, sprachliche Muster, Wortzusammenhänge und Kontextinformationen zu erkennen, indem es auf umfangreichen, oft unspezifischen Textkorpora trainiert wird. Dabei wird es nicht auf eine bestimmte Aufgabe spezialisiert.

- **Feinabstimmung**: Nach dem Vortraining kann das Modell für spezifische Aufgaben wie Textgenerierung, Fragebeantwortung oder maschinelle Übersetzung weiter trainiert werden. Dazu wird es mit aufgabenrelevanten Daten optimiert, um seine Genauigkeit und Leistungsfähigkeit für den jeweiligen Anwendungsbereich zu verbessern.

Fazit

Die Funktionsweise von Sprachmodellen wie GPT und BERT basiert auf komplexen neuronalen Netzwerkstrukturen und Trainingsprozessen, die es diesen Modellen ermöglichen, menschliche Sprache auf einem hohen Niveau zu verstehen und zu generieren. Durch das Training auf umfangreichen Datensätzen lernen diese Modelle nicht nur die Grammatik und den Wortschatz, sondern auch den Stil und die Nuancen der Sprache, was sie zu mächtigen Werkzeugen im kreativen Schreiben macht.

2.2. Unterschiede zwischen verschiedenen KI-Modellen

Die Landschaft der KI-Modelle ist vielfältig, wobei jedes Modell spezifische Architekturen, Stärken und Schwächen aufweist, die es für bestimmte Anwendungen besser geeignet machen. In der Welt des literarischen Schreibens ist es entscheidend, das richtige Modell auszuwählen, um die gewünschten kreativen Ziele zu erreichen. Hier werden drei prominente Modelle genauer betrachtet: GPT (Generative Pre-trained Transformer), BERT (Bidirectional Encoder Representations from Transformers) und LSTM (Long Short-Term Memory).

GPT (Generative Pre-trained Transformer)

GPT basiert auf der Transformer-Architektur, die besonders für ihre Fähigkeit bekannt ist, große Datenmengen zu verarbeiten und dabei relevante Informationen über lange Textstrecken hinweg zu erfassen. Es generiert Text, indem es jeweils das nächste Wort in einem Satz vorhersagt, basierend auf den vorherigen Wörtern.

GPT eignet sich hervorragend für Aufgaben, bei denen es auf die Generierung kohärenter und kontextuell passender Texte ankommt, wie das Schreiben von Artikeln, das Erstellen von Geschichten und grundsätzlich das Generieren kreativer Inhalte.

Die Stärke von GPT liegt in seiner Fähigkeit, fließende und logisch aufeinanderfolgende Texte zu erzeugen. Eine Schwäche ist, dass es manchmal irrelevante oder ungenaue Informationen produzieren kann, besonders wenn es mit Themen konfrontiert wird, die außerhalb seines Trainingsdatensatzes liegen.

Beispiel für GPT:

- **Input**: „Heute ist ein schöner Tag, ich gehe …"
- **Fortsetzung durch GPT**: „... in den Park, um die Sonne zu genießen."

BERT (Bidirectional Encoder Representations from Transformers)

BERT nutzt die Transformer-Architektur anders als GPT, indem es beide Richtungen des Textes (links und rechts vom aktuellen Wort) berücksichtigt. Dadurch kann es den Gesamtzusammenhang besser erfassen, was es hervorragend für das Verständnis des Kontexts innerhalb eines Textes macht.

BERT wird vorrangig in Aufgaben eingesetzt, bei denen ein tiefes Textverständnis erforderlich ist, wie Sentiment-Analyse, Textklassifikation und Frage-Antwort-Systeme.

BERTs Stärke liegt in der präzisen Textanalyse und -interpretation. Eine Schwäche ist, dass es weniger effektiv für die Generierung von langen Textpassagen ist, da es primär auf das Verstehen und weniger auf das Erzeugen von Text ausgelegt ist.

Beispiel für BERT:

- **Input:** „Heute ist ein schöner Tag, ich [...] in den Park."
- **Vervollständigung durch BERT:** „gehe"

LSTM (Long Short-Term Memory)

LSTM ist eine bereits ältere Architektur rekurrenter neuronaler Netzwerke (RNNs), die entwickelt wurde, um Informationen über lange Zeiträume hinweg effektiv zu speichern und zu verarbeiten. Dies geschieht durch den Einsatz von Gating-Mechanismen, die steuern, welche Informationen behalten, aktualisiert oder vergessen werden.

LSTMs finden Anwendung in der Verarbeitung sequenzieller Daten, z. B. bei Spracherkennung, maschineller Übersetzung, Zeitreihenanalyse und Textgenerierung. In der Textgenerierung wurden sie früher häufig eingesetzt, sind jedoch inzwischen durch effizientere Transformer-Modelle (wie GPT oder BERT) weitgehend ersetzt worden.

Die Stärke von LSTMs liegt in ihrer Fähigkeit, langfristige Abhängigkeiten in Sequenzen zu modellieren. Eine Schwäche ist ihre vergleichsweise langsame Trainings- und Ausführungsgeschwindigkeit, da Berechnungen sequenziell erfolgen und schwer zu parallelisieren sind.

Beispiel für LSTM:

- **Input:** „Or to take"
- **Vervollständigung durch LSTM:** „Or to take arms against a sea of troubles"

Das LSTM-Modell nimmt den Input (z. B. „Or to take") und sagt iterativ das nächste Wort voraus. Die Vorhersage basiert auf dem trainierten Textkorpus (z. B. Shakespeare-Zitate). Je besser das Modell trainiert wurde, desto flüssiger und sinnvoller sind die generierten Sätze. LSTM-basierte Modelle sind nicht so leistungsfähig wie moderne Transformer-Modelle (GPT), die in vielen Anwendungsbereichen eine leistungsfähigere Alternative bieten und sinnvollere Texte generieren können, wenn sie auf großen Datensätzen trainiert werden.

Auswahl des richtigen Modells für literarisches Schreiben

Die Wahl des richtigen KI-Modells hängt stark von den spezifischen Anforderungen des literarischen Projekts ab. Für Aufgaben, die reine Textgenerierung erfordern, kann GPT die beste Wahl sein. BERT hingegen ist besonders geeignet für tiefgehende Textanalysen und das Verständnis von Kontext, wodurch es sich für Aufgaben wie Textklassifikation oder semantische Textüberarbeitung anbietet. LSTM war früher nützlich für sequentielle Textmuster. Heutige Transformer-Modelle sind für anspruchsvolle Aufgaben wie Poesie oder komplexe Dialoge leistungsfähiger.

Fazit

Die Auswahl des geeigneten KI-Modells ist entscheidend für den Erfolg literarischer Projekte. Autor:innen sollten die spezifischen Eigenschaften jedes Modells verstehen und wie diese ihre kreativen und technischen Anforderungen unterstützen können. Durch die bewusste Auswahl und Anwendung dieser Werkzeuge können Autor:innen die Potenziale der KI effektiver ausschöpfen.

2.3. Vor- und Nachteile des Einsatzes von KI im literarischen Schreiben

Der Einsatz von Künstlicher Intelligenz im literarischen Schreiben bietet eine Fülle von Möglichkeiten, bringt jedoch auch Herausforderungen mit sich. Die Balance zwischen den technologischen Vorteilen und den kreativen sowie ethischen Implikationen ist entscheidend für den erfolgreichen Einsatz von KI in diesem Bereich.

Vorteile der KI im literarischen Schreiben

KI kann als Inspirationsquelle dienen und neue Wege für kreatives Denken eröffnen. Beispielsweise können Autor:innen KI-generierte Vorschläge nutzen, um unerwartete Wendungen in ihren Geschichten zu entwickeln oder Charaktere auf unkonventionelle Weise zu entfalten. Dies kann besonders dann nützlich sein, wenn Autor:innen nach frischen Ideen suchen oder in einer kreativen Sackgasse stecken.

KI-Tools sind außerdem in der Lage, den Schreibprozess zu beschleunigen, indem sie Routineaufgaben übernehmen, wie das Generieren von Entwürfen oder das Durchführen erster Überarbeitungen. Dies spart wertvolle Zeit, die Autor:innen für anspruchsvollere Aspekte des Schreibens verwenden können.

Fortgeschrittene KI-Systeme können den persönlichen Stil von Autor:innen analysieren und darauf basierend Texte generieren oder Vorschläge zur Stilverbesserung machen. Dies kann besonders nützlich sein, um einen konsistenten Schreibstil zu entwickeln oder den Stil an verschiedene Zielgruppen anzupassen.

Für Autor:innen, die regelmäßig große Mengen an Inhalten produzieren, wie Blogger:innen oder Personen im Bereich Content-Marketing, kann KI ein unverzichtbares Werkzeug sein. KI kann helfen, schnell hochwertige Entwürfe zu erstellen, die Autor:innen anschließend verfeinern können.

Nachteile und Herausforderungen

Eine häufig geäußerte Kritik betrifft die Befürchtung, dass KI-geschriebene Texte möglicherweise an individueller Originalität und persönlicher Note mangeln. Die Texte könnten als steril oder zu formelhaft empfunden werden, da der menschliche Aspekt des kreativen Ausdrucks fehlt.

Eine zu starke Abhängigkeit von KI-Tools kann überdies dazu führen, dass Autor:innen grundlegende Schreibfähigkeiten vernachlässigen oder verlernen. Diese Abhängigkeit kann problematisch werden, wenn die Technologie ausfällt oder die Qualität der KI-generierten Inhalte nicht den Erwartungen entspricht.

Der Einsatz von KI wirft auch ethische Fragen auf. Dazu gehört die Sorge um die Authentizität von literarischen Werken, wenn wesentliche Teile von einer Maschine statt von einem Menschen geschrieben wurden. Zudem gibt es Bedenken bezüglich des Datenschutzes und der möglichen Manipulation von Leser:innen durch subtil eingeflochtene KI-generierte

Botschaften.

Autor:innen könnten beispielsweise eine KI verwenden, um eine Serie von Blogbeiträgen zu generieren, die thematisch kohärent sind und den eigenen Schreibstil imitieren. Während dies effizient ist, könnten Autor:innen feststellen, dass die Beiträge gewisse Nuancen und die Tiefe vermissen lassen, die bei einer rein menschlichen Kreation entstehen würden. Die ethischen Herausforderungen werden in Kapitel 7 ausführlicher behandelt.

Fazit

KI im literarischen Schreiben bietet sowohl transformative Chancen als auch signifikante Herausforderungen. Während sie Autor:innen ermöglichen, effizienter zu arbeiten und neue kreative Horizonte zu erkunden, müssen die Auswirkungen auf die Originalität und die Qualität literarischer Werke sorgfältig abgewogen werden. Eine ausgewogene Nutzung, bei der KI als Unterstützung und nicht als Ersatz für menschliche Kreativität angesehen wird, ist aktuell der beste Weg nach vorn.

Zusammenbruch in Bismarck

Gestern,
ein anderer Tag,
weit weg,
fühlt sich an wie eine andere Welt,
ich wache auf,
Himmel grau,
Kaffee,
der nicht schmeckt,
Brot,
das bröckelt,
alles bröckelt hier,
gehe die Straßen entlang,
war mal mein Gelsenkirchen,
meine Stadt,
der Regen folgt mir unaufhörlich,
ich denke an Erik Vogel,
an Mario Grassi,
an das,
was kommen wird,
Angst kriecht an mir hoch,
erstickt mich,
ein Geschäft,
Schaufenster mit Sachen,
die ich mir nicht leisten kann,
mein Spiegelbild,
meine blassen Augen,
gehe weiter,
telefoniere mit Erik,
seine Stimme kein Anker.

„Alles wird gut."

Seine Worte zerbrechen auf dem Boden,
kann ihn nicht anlügen,

Treffen geplant in einem alten Café in Bismarck,
Nachmittag allein zu Haus,
Wände drücken,
die Stille drückt,
überlege,
warum alles falsch läuft,
die Uhr tickt zu laut,
Abendessen auch allein,
Geschmack von nichts,
kein Appetit,
Nachricht von Mario,
knapp.

„Sei bereit."

Das Fenster offen,
der Regen flüstert,
alles eine Lüge,
kein Schlaf in der Nacht,
der Morgen kommt schnell,
die ganze Nacht schon da,
brutal,
Erik,
Mario,
ich,
die Nacht zieht sich zu,
schließe die Augen,
am Morgen auch nur Dunkelheit,
immer noch Regen,
sollte nicht regnen,
regnet,
wenn die Welt zusammenbricht,
der Wind peitscht die Blätter gegen die Fenster des Frühstückscafés,
hier hocke ich jetzt,
verkrampft,
alles wird gleich noch schlimmer,

Gelsenkirchen war besser,
als es noch grau war,
jetzt nicht mal das,
Vorort Bismarck suggeriert Größe,
die Straßen hier kennen keine Größe,
die Häuser schief,
irgendwo ein Hund,
die Farben ausgewaschen,
nur manchmal aufgerissen vom Orange der paar Straßenlaternen,
die nicht mehr ausgehen,
da es sowieso nicht mehr hell wird,
meine Finger umklammern die letzte Antwort in meiner Tasche,
kalt und endgültig,
die Tür geht auf,
Erik kommt rein,
großer nasser Mantel,
an den Ärmeln ausgefranst,
schwere Stiefel,
hat mir nie gesagt,
wie alt er ist,
schätze auf Mitte dreißig,
seine Augen wachsam,
setzt sich zu mir,
als Mario hinterherkommt,
schwarzer Anzug,
trotz Regen makellos,
Schuhe glänzen,
Haare pechschwarz,
nach hinten gegelt,
jemand,
der für andere Probleme löst,
muss perfekt sein,
keine Fehler,
keine Zeit für Zweifel,
Erik am Fenstertisch,
starrt in den dunklen Tag,

Mario neben ihm,
schaut immer wieder auf sein Handy.

„Wir können nicht mehr warten,
Erik,
heute Nacht muss es sein."

Ich sitze ihnen gegenüber,
bin still,
umklammere eine Tasse Kaffee vor mir,
längst kalt geworden.

„Und wenn wir einfach alles lassen würden?
Weg von hier?"

Erik unruhig auf seinem Stuhl.

„Du weißt,
dass das nicht geht,
Alina."

Mario schnaubt.

„Wir machen weiter wie geplant."

Erdrückendes Schweigen,
Regen noch stärker,
wie eine schwere Decke vor den Fenstern.

„Warum?"

Meine Stimme bricht.

„Weil die Welt kein Märchen ist."

Erik hebt seine Hand,
als wollte er mich beruhigen,
zu spät dafür,
greife in die Tasche,
meine Bewegung schnell,
ziehe meine Hand reflexartig wieder raus,
ein Schuss hallt durch den Raum,
laut und final,
Erik sackt zusammen,
ein roter Fleck breitete sich auf seinem Mantel aus,
Mario regungslos,
die Pistole zittert in meiner Hand.

„Was hast du getan,
Alina?"

Seine Stimme ein Zischen,
ich lasse die Waffe fallen,
meine Lippen zittern.

„Ich will,
dass es aufhört."

Mario starrt auf Eriks regungslosen Körper,
springt auf,
verlässt ohne ein weiteres Wort das Café,
Tür bleibt auf,
ich sinke neben Erik nieder,
meine Hände färben sich rot,
draußen wütet der Regen,
der Tag schweigt,
weiß von keiner Schuld,
ich bleibe zurück mit dem Eindringen der Kälte,
kriecht in meine Knochen.

Am selben Tag herrscht Chaos in Hongkong,
Demonstranten auf den Straßen rund um den Victoria Park und die
    Causeway Bay,
lautstarker Protest gegen die neuen Sicherheitsgesetze,
die Luft erfüllt von Rufen nach Freiheit und Autonomie,
Atmosphäre schwingt um in Angst,
als schwer bewaffnete Polizei aufzieht,
die Zugänge zur Hennessy Road abriegelt,
die Situation eskaliert,
Tränengas,
Wasserwerfer gegen die Menge,
besonders intensiv um die Nathan Road,
eine der Hauptverkehrsadern,
die viele der Demonstranten für ihren Marsch nutzen,
überall Menschen,
die sich Tücher vors Gesicht halten,
laute Knalle von Gummigeschossen,
die in die Menge gefeuert werden,
verzweifelte Schreie der Protestierenden,
Sirenen von allen Seiten,
als die Nacht hereinbricht,
verlagern sich die Auseinandersetzungen in die engen Gassen von Mong
    Kok,
kurzzeitig Vorteile der Demonstranten gegenüber den Polizeikräften,
kleinere Gruppen von Aktivisten entfachen Feuer auf den Straßen,
errichten Barrikaden,
improvisierte Sperren,
um sich Zeit zu verschaffen,
die Übermacht der Repressionskräfte erdrückend,
drängen die Protestierenden zurück,
begleitet vom dumpfen Echo der Schläge,
dem Zischen der Tränengasgranaten,
die in die kalte Nachtluft fliegen.

3. Charakterentwicklung mit KI

3.1. Erstellung von Charakterbiografien mit KI

Die Entwicklung von Charakterbiografien ist ein entscheidender Schritt im literarischen Schreibprozess, da gut durchdachte Figuren eine Geschichte tragen und die Leser:innen emotional ansprechen. Mit KI-Tools können Autor:innen detaillierte und nuancierte Biografien erstellen, die verschiedene soziale und kulturelle Hintergründe sowie Konflikte berücksichtigen. Im Folgenden werden drei Beispiele für Charakterbiografien aus unterschiedlichen geografischen und sozialen Kontexten dargestellt, sowie der Prozess erläutert, wie diese mithilfe von KI erstellt und verfeinert werden können.

- **Beispiel 1**: Deutschland, zeitgenössisch

    Name: Sophie Keller
    Alter: 32 Jahre
    Beruf: Grundschullehrerin

    Hintergrund: Sophie wuchs in einer Kleinstadt in Nordrhein-Westfalen auf. Ihre Eltern waren in der Nachkriegszeit geboren, ihr Vater war zeitlebens Fabrikarbeiter. Sophie war die erste in ihrer Familie, die ein Studium abschloss. Sie lebt in Düsseldorf und unterrichtet in einem multiethnischen Stadtteil.

    Sozialer Konflikt: Sophie engagiert sich leidenschaftlich für ihre Schüler:innen, darunter viele Kinder aus Einwandererfamilien. Sie gerät jedoch in Konflikt mit konservativen Eltern und lokalen Politiker:innen, die ihre Ansichten über Integration und Chancengleichheit nicht teilen. Dies führt zu Spannungen in ihrer persönlichen und beruflichen Umgebung, da sie versucht, ihre Ideale zu wahren, ohne ihre Karriere zu gefährden.

- **Beispiel 2**: Polen, späte 1990er Jahre

    Name: Piotr Borkowski
    Alter: 45 Jahre
    Beruf: Elektriker und ehemaliger Bergarbeiter

    Hintergrund: Piotr stammt aus einer Bergarbeiterfamilie in Schlesien. Nach dem Zusammenbruch des Kommunismus und der Schließung zahlreicher Minen in den 1990er Jahren verlor er seine Arbeit. Er zog nach Krakau, um als Elektriker zu arbeiten, konnte jedoch nie die Stabilität und den Stolz zurückgewinnen, die er in seiner früheren Arbeit empfand.

    Sozialer Konflikt: Piotr hadert mit seiner Identität und der Entfremdung von seiner Herkunftsgemeinschaft. Er fühlt sich zunehmend isoliert und sieht sich mit einer jüngeren Generation konfrontiert, die von der neuen Marktwirtschaft profitiert, während er mit seiner Vergangenheit ringt. Sein Unmut führt zu Spannungen in seiner Familie, insbesondere mit seinem Sohn, der eine Karriere im IT-Bereich anstrebt.

- **Beispiel 3**: Kalifornien, 2010er Jahre

    Name: Maria Sanchez
    Alter: 28 Jahre
    Beruf: Krankenschwester

    Hintergrund: Maria wurde als Kind mexikanischer Einwanderer in einem Vorort von Los Angeles geboren. Ihre Eltern arbeiteten hart in der Landwirtschaft, um ihren Kindern eine bessere Zukunft zu ermöglichen. Maria schloss ihr Studium in Krankenpflege ab und arbeitet nun in einem großen Vorstadtkrankenhaus.

    Sozialer Konflikt: Trotz ihres beruflichen Erfolgs fühlt sich Maria hin- und hergerissen zwischen ihrer Rolle als Vorbild für ihre jüngeren Geschwister und den Erwartungen ihrer traditionellen

Familie. Gleichzeitig kämpft sie mit Vorurteilen und mikroaggressiven Kommentaren von Kolleg:innen, die ihre Herkunft infrage stellen. Diese Spannungen führen dazu, dass Maria mit dem Gedanken spielt, ihre Karriere an einem anderen Ort neu zu beginnen.

Prozess der Erstellung mithilfe von KI

Autor:innen geben spezifische Parameter in das KI-Tool ein, wie das geografische Setting, das Alter, den Beruf und zentrale Elemente des sozialen oder persönlichen Konflikts. Dies könnte etwa so aussehen:

„Erstelle die Biografie einer Grundschullehrerin in Deutschland, die sich für Integration einsetzt und in Konflikte mit konservativen Kreisen gerät."

Das KI-Tool generiert daraufhin eine erste Biografie, die Details wie den familiären Hintergrund, berufliche Herausforderungen und emotionale Konflikte enthält. Autor:innen können die generierten Biografien überprüfen und bearbeiten, um sicherzustellen, dass sie stilistisch und narrativ zu ihrer Geschichte passen. Die Anpassung kann zusätzliche Details zu Motivationen, persönlichen Beziehungen oder tiefergehenden Konflikten beinhalten.

Die fertigen Biografien dienen als Grundlage für konsistente und vielschichtige Charaktere. Autor:innen können sie nutzen, um realistische Dialoge zu schreiben, Handlungsentscheidungen zu motivieren und die Figuren in der Geschichte glaubwürdig zu entwickeln.

Fazit

KI-Tools bieten Autor:innen eine effiziente und kreative Möglichkeit, überzeugende Charaktere zu erschaffen, die kulturelle Vielfalt und soziale Konflikte widerspiegeln. Indem Autor:innen diese Biografien individuell anpassen, können sie sicherstellen, dass ihre Charaktere einzigartig, authentisch und narrativ relevant bleiben.

3.2. Nutzung von KI zur Entwicklung von Charakterdynamiken und -interaktionen

Die Beziehungen und Interaktionen zwischen Charakteren sind das Herzstück vieler Geschichten. Sie verleihen Erzählungen emotionale Tiefe und treiben die Handlung voran. Künstliche Intelligenz kann Autor:innen dabei unterstützen, vielschichtige Charakterdynamiken und Interaktionen zu entwerfen, Konflikte zu gestalten und Perspektiven zu simulieren. Dies ermöglicht es, narrative Konsistenz zu wahren und komplexe zwischenmenschliche Beziehungen zu skizzieren.

Techniken und Methoden zur Entwicklung von Charakterdynamiken

- **Simulation von Dialogen und Interaktionen**

  KI-Modelle können Dialoge zwischen Charakteren generieren, die auf deren Persönlichkeitsmerkmalen, Zielen und Beziehungen basieren. Dies hilft, die Authentizität und Tiefe der Interaktionen zu erhöhen.

  Beispiel: Eine KI generiert ein Streitgespräch zwischen zwei Charakteren – einer idealistischen Aktivistin und einem pragmatischen Politiker – über den Umgang mit einer ökologischen Krise. Der Dialog kann Spannungen und unterschiedliche Ansichten aufzeigen, die den Konflikt vorantreiben.

- **Analyse von Beziehungen**

  KI-Tools wie Beziehungsdiagramme können analysieren, wie Charaktere miteinander verbunden sind, welche Konflikte oder Allianzen bestehen und wie sich diese Dynamiken im Verlauf der Geschichte entwickeln.

  Beispiel: Eine Autorin gibt die zentralen Beziehungen einer Familie ein, und die KI erkennt, dass der Konflikt zwischen Mutter und Tochter durch eine neutrale Figur – z. B. den Großvater – moderiert werden könnte.

- **Erstellung von Konfliktszenarien**

  KI kann Vorschläge für Konflikte machen, die aus den Persönlichkeiten und Motivationen der Charaktere resultieren. Diese Konflikte können auf logischen oder emotionalen Differenzen basieren.

  Beispiel: Die KI schlägt vor, dass zwei beste Freunde in einer Geschichte in Konkurrenz um einen begehrten Job geraten, was ihre Freundschaft auf die Probe stellt.

- **Simulation alternativer Perspektiven**

  KI kann die Geschichte aus der Perspektive verschiedener Charaktere simulieren, um deren subjektive Wahrnehmung der Interaktionen und Konflikte zu erfassen.

  Beispiel: Eine Szene, in der eine Lehrerin einen Schüler zurechtweist, könnte aus der Sicht der Lehrerin (Disziplin und Sorge) und des Schülers (Frustration und Missverständnis) dargestellt werden.

Simulation von Dynamiken: Konflikte und Harmonie

- **Konfliktreiche Dynamik**: Eine KI könnte die Beziehung zwischen zwei Geschwistern simulieren, von denen eines stets im Schatten des anderen steht. Während das ältere Geschwisterkind unabsichtlich dominiert, wächst beim jüngeren der Frust. Die KI schlägt vor, dass eine Eskalation durch einen heftigen Streit ausgelöst wird, in dem unausgesprochene Gefühle ans Licht kommen. Erst nach dieser Auseinandersetzung beginnt eine echte Annäherung.

- **Harmonische Dynamik**: Eine KI könnte die enge Verbindung zweier Freunde simulieren, die sich in einer Krise gegenseitig Halt geben. Als einer kurz davorsteht aufzugeben, erinnert der andere ihn mit einer leidenschaftlichen Rede an seine Stärke. Die KI schlägt vor, dass dieser emotionale Moment nicht nur ihre Freundschaft vertieft, sondern auch den entscheidenden Wendepunkt der Geschichte markiert.

Beispielanwendung: Verstrickte Beziehungen in einem Kriminalfall

In einer Kriminalgeschichte nutzt eine Autorin KI, um die Beziehungen zwischen einer Ermittlerin, einem Verdächtigen und einem Zeugen zu skizzieren. Die KI erkennt, dass der Verdächtige und der Zeuge eine gemeinsame Vergangenheit haben, die Spannungen in den Verhören erzeugt. Außerdem generiert die KI Dialogvorschläge, in denen die Ermittlerin den Verdächtigen manipulativ unter Druck setzt, während sie versucht, den Zeugen zu beruhigen. Diese komplexen Interaktionen verleihen der Geschichte Tiefe und treiben die Handlung voran.

Fazit

Die Nutzung von KI zur Entwicklung von Charakterdynamiken und -interaktionen eröffnet Autor:innen die Möglichkeit, komplexe Beziehungen und Konflikte effizient zu entwerfen und zu analysieren. Von der Simulation alternativer Perspektiven bis zur Gestaltung nuancierter Konflikte bietet KI eine wertvolle Unterstützung, um Geschichten emotional ansprechend und konsistent zu gestalten. Dadurch ermöglichen KI-Tools wie *ChatGPT* es Autor:innen, die Subtilität zwischenmenschlicher Interaktionen auf eine neue Ebene zu heben.

3.3. Praktische Übungen zur Nutzung von KI in der Charaktergestaltung

Die folgenden Übungen sind darauf ausgelegt, Autor:innen dabei zu unterstützen, ihre Fähigkeiten im Umgang mit KI-Tools für die Charaktergestaltung zu verbessern. Sie fördern die Kreativität und zeigen, wie KI bei der Entwicklung von Charakterzügen, Hintergrundgeschichten und Motivationen gezielt eingesetzt werden kann.

Übung 1: Entwicklung eines detaillierten Charakterhintergrunds

Ziel: Erstellung einer Hintergrundgeschichte für einen neuen Charakter.

Anleitung:

- Öffne ein KI-Tool, das Textgenerierung unterstützt (z. B. *ChatGPT*). Gib einen detaillierten Prompt (Eingabeaufforderung) wie diesen ein:

  „Erstelle eine Charakterbiografie für eine 35-jährige Wissenschaftlerin namens Dr. Emily Carter. Sie arbeitet in einem Biotech-Unternehmen, hat eine rebellische Teenager-Tochter und verbirgt ein dunkles Geheimnis aus ihrer Vergangenheit. Integriere auch einen persönlichen Konflikt, der sie in der Geschichte antreibt."

  Analysiere die generierte Biografie und füge zusätzliche Details hinzu, die deine kreativen Visionen ergänzen.
  Überarbeite den Text, um ihn an deinen Schreibstil anzupassen.

  Variante: Ändere die Eingabe, um verschiedene Genres oder Szenarien zu erkunden, z. B. eine spätmittelalterliche Kriegerin oder einen Ingenieur in einer futuristischen Stadt.

Übung 2: Charakterzüge durch Fragen entwickeln

Ziel: Verfeinerung der Persönlichkeit eines Charakters.

Anleitung:

- Gib einen Prompt ein wie:

  „Entwickle fünf zentrale Charakterzüge für einen 40-jährigen alleinerziehenden Vater, der in einer kleinen Stadt lebt und als Buchhändler arbeitet. Beschreibe auch, wie sich diese Eigenschaften in seiner Interaktion mit anderen zeigen."

Nutze die generierten Ergebnisse, um Szenen zu entwerfen, in denen diese Eigenschaften sichtbar werden. Zum Beispiel könnte eine fürsorgliche Natur in einem Dialog mit seinem Kind oder einer freundlichen Geste gegenüber einem Kunden dargestellt werden.

Pass die Eigenschaften an, um sie besser in die geplante Geschichte zu integrieren.

Übung 3: Dialogsimulation zwischen zwei Charakteren

Ziel: Erzeuge realistische Dialoge und erforsche Charakterdynamiken.

Anleitung:

- Verwende einen Prompt nach Art von:

    „Erstelle einen Dialog zwischen zwei Charakteren: Maria, einer entschlossenen Umweltaktivistin, und Paul, einem skeptischen Unternehmer, der glaubt, dass Umweltmaßnahmen seine Firma gefährden. Der Dialog sollte ihre Meinungsverschiedenheiten, aber auch ihre gegenseitige Anerkennung zeigen."

    Analysiere den generierten Dialog: Sind die Stimmen der Charaktere unterscheidbar? Spiegelt der Dialog ihre Eigenschaften wider?

    Überarbeite den Dialog, um deine eigene sprachliche und emotionale Note hinzuzufügen.

Übung 4: Simulation alternativer Konfliktszenarien

Ziel: Erkunde, wie verschiedene Konflikte die Entwicklung eines Charakters beeinflussen können.

Anleitung:

- Beschreibe deinen Charakter und eine Ausgangssituation, z. B.:

  „Marcel, ein 25-jähriger Künstler, steht kurz davor, seinen großen Durchbruch zu erzielen, doch seine engste Freundin glaubt, dass er seine Integrität opfert. Was könnte der Konflikt zwischen ihnen sein, und wie könnte Marcel darauf reagieren?"

  Bitte die KI, verschiedene Konfliktszenarien zu generieren.

  Wähle ein Szenario aus und entwickle darauf basierend eine Szene oder eine Dialogsequenz.

Übung 5: Kombination von Persönlichkeiten in Gruppendynamiken

Ziel: Entwicklung von Dynamiken in einer Gruppe von Charakteren.

Anleitung:

- Gib einen Prompt ein wie:

  „Erstelle eine Gruppe von fünf Charakteren, die zusammenarbeiten müssen, obwohl sie sehr unterschiedliche Hintergründe und Persönlichkeiten haben. Beschreibe ihre Rollen und wie sie miteinander interagieren."

  Analysiere, wie die KI Vorschläge zu Spannungen und Kooperationen macht.

  Schreib eine Szene, in der die Gruppe auf eine Herausforderung stößt, und integriere die vorgeschlagenen Dynamiken.

Fazit

Diese Übungen zeigen, wie Autor:innen KI-Tools nutzen können, um Charaktere mit Tiefe, Konsistenz und Individualität zu entwickeln. Durch die Kombination von KI-generierten Vorschlägen und kreativer Anpassung können Autor:innen ihre eigenen Fähigkeiten im Charakterdesign verbessern und ihre Geschichten mit authentischen, vielschichtigen Figuren bereichern.

4. Plotgestaltung

4.1. Nutzung von KI-Tools zur Entwicklung von Handlungsbögen

Die Entwicklung von Handlungsbögen ist eine der zentralen Herausforderungen im kreativen Schreibprozess. KI-Tools können Autor:innen dabei helfen, spannende und dramatische Handlungsstrukturen zu entwerfen, die kohärent und ansprechend sind. Diese Werkzeuge sind besonders wertvoll, um logische Zusammenhänge sicherzustellen, Konflikte zu definieren und überraschende Wendungen zu integrieren.

Arten von KI-basierten Werkzeugen und ihre Funktionsweise

- **Plot-Generatoren** generieren vollständige Handlungsbögen auf Basis von Eingaben wie Genre, Thema oder Charaktermerkmalen. Sie nutzen Algorithmen, die auf bestehenden literarischen Werken trainiert wurden, um Muster und Strukturvorschläge zu liefern. Autor:innen geben dazu Stichworte oder Präferenzen ein, z. B. „Sozialkritisches Drama in einer Vorstadt", und die KI liefert Vorschläge für Szenarien, Wendepunkte und Auflösungen. Beispiele für Plot-Generatoren sind *Plot Factory* oder *Plotagon*.

- **KI-gestützte Schreibassistenten** wie *Sudowrite* unterstützen Autor:innen, indem sie Lücken in bestehenden Handlungsbögen füllen oder alternative Verläufe vorschlagen. Sie sind nützlich, um eine vorhandene Idee zu vertiefen. Die KI analysiert dabei den bisherigen Text und bietet Erweiterungen oder Variationen an, z. B. wie ein Konflikt eskalieren könnte oder welche Charakterentscheidung die Handlung weiter vorantreiben würde.

- **Dramaturgische KI-Tools** wie *Dramatica Pro* analysieren bestehende Plots und prüfen deren dramaturgische Konsistenz. Sie helfen, emotionale Bögen und narrative Spannungen zu optimieren. Dazu laden Autor:innen ihren Handlungsentwurf hoch, und die KI identifiziert Schwächen, wie z. B. fehlende Motivationen oder unklare Konflikte.

Beispiele für KI-generierte Handlungsbögen

- **Familiendrama**

    Ausgangssituation: Eine alleinerziehende Mutter, Julia, lebt mit ihrer Teenager-Tochter in einer wohlhabenden Vorstadt. Julia arbeitet in einer Klinik und ist in ihrer Nachbarschaft angesehen.

    Konflikt: Ihre Tochter wird beschuldigt, an einer Reihe von Cyberangriffen auf lokale Unternehmen beteiligt zu sein. Der Verdacht löst Spannungen innerhalb der Gemeinschaft aus, und Julia beginnt, zwischen den Fronten zu stehen.

    Höhepunkt: Julia entdeckt, dass ihre Tochter tatsächlich in die Vorfälle verwickelt ist, dies aber aus Protest gegen die umweltschädigenden Praktiken eines der Unternehmen getan hat.

    Auflösung: Julia versucht, die Beziehung zu ihrer Tochter zu retten, während sie sich mit der Moral und den Konsequenzen ihrer Handlungen auseinandersetzt.

    Eine Autorin könnte dieses von der KI generierte Grundgerüst erweitern, indem er tiefere Einblicke in Julias emotionale Kämpfe und die sozialen Dynamiken der Vorstadtgemeinschaft einarbeitet. KI könnte ihm außerdem helfen, Alternativen für die noch etwas schwache Auflösung zu erkunden.

- **Sozialkritik**

    Ausgangssituation: Im Jahr 2030 hat ein Land ein neues System eingeführt, das Sozialkredite auf Basis von Bürgerverhalten verteilt. Der Protagonist, Amir, ein Lehrer, wird wegen vermeintlichen Betruges in diesem System sanktioniert.

Konflikt: Amir kämpft darum, seine Reputation wiederherzustellen, während er entdeckt, dass die Technologie von der Regierung manipuliert wird, um Dissident:innen zum Schweigen zu bringen.

Höhepunkt: Amir findet Beweise für die Manipulation und verbündet sich mit einer Gruppe von Aktivist:innen, die das System öffentlich entlarven wollen.

Auflösung: Die Gruppe enthüllt die Wahrheit, aber Amir wird vor die Wahl gestellt, seine eigene Sicherheit zu riskieren oder sich aus dem Kampf für eine gerechtere Gesellschaft zurückzuziehen.

Autor:innen können diese Struktur verwenden, um die ethischen und technologischen Fragen moderner Gesellschaften zu erforschen und dabei persönliche Perspektiven und Beziehungen zu vertiefen.

Integration von KI-generierten Handlungsbögen in den Schreibprozess

- **Anpassung und Personalisierung**: Die generierten Handlungsbögen dienen als Ausgangspunkt, den Autor:innen an ihre individuellen Bedürfnisse und Schreibstile anpassen können. Sie können zusätzliche Details, wie spezifische Charakterentwicklungen oder Subplots, integrieren.

- **Iteration und Verfeinerung**: KI-Tools können iterativ verwendet werden, um alternative Szenarien zu simulieren oder Lücken im Handlungsbogen zu schließen. Autor:innen können Feedback der KI nutzen, um ihre Entwürfe zu verfeinern.

- **Kritische Überprüfung**: Obwohl KI hilfreiche Vorschläge macht, sollten Autor:innen immer überprüfen, ob die generierten Plots mit ihrer kreativen Vision und den narrativen Anforderungen übereinstimmen.

Fazit

KI-Tools sind leistungsstarke Partner bei der Entwicklung von Handlungsbögen. Sie bieten kreative Ansätze und logische Strukturen, die Autor:innen als Grundlage für ihre eigenen Erzählungen nutzen können. Durch die Integration und Anpassung dieser Vorschläge können Autor:innen Geschichten entwickeln, die nicht nur kohärent und fesselnd, sondern auch einzigartig und persönlich sind.

4.2. KI-Tools zur Generierung von Plot-Ideen und Konfliktszenarien

Die Entwicklung von Plot-Ideen und Konfliktszenarien ist eine der kreativsten und zugleich anspruchsvollsten Aufgaben für Autor:innen. KI-Tools können dabei unterstützen, indem sie Ideen liefern, Konflikte strukturieren und ungewöhnliche Wendungen vorschlagen. Sie helfen, kreative Blockaden zu überwinden und den Geschichten frische, spannende Perspektiven zu verleihen.

- *Plot Generator* generiert Handlungsideen basierend auf Eingaben wie Genre, Thema oder spezifischen Charakterdetails. Autor:innen geben grundlegende Informationen wie „Romantik in einem dystopischen Setting" oder „Kriminalfall mit moralischem Dilemma" ein, und das Tool liefert eine detaillierte Handlungsidee.

  Beispiel: *Ein Ermittler in einer futuristischen Stadt wird in einen Mordfall verwickelt, bei dem die einzigen Zeugen eine Gruppe humanoider Roboter sind, deren Erinnerungen manipuliert wurden.*

- *Sudowrite* analysiert bestehende Texte und bietet Vorschläge für neue Szenarien, Wendungen oder Konflikte. Es generiert gezielte Ideen, die sich nahtlos in bestehende Handlungsbögen einfügen lassen. Autor:innen können den bisherigen Handlungsverlauf eingeben und die KI bitten, einen überraschenden Twist oder eine Eskalation zu entwickeln.

Beispiel: *Die Protagonistin, die eine Vermisstenanzeige aufgibt, stellt fest, dass sie selbst Teil eines Gedächtnisexperiments ist und die gesuchte Person nie existiert hat.*

- ***AI Dungeon*** ist ein interaktives KI-Tool, das Autor:innen ermöglicht, in einer spielähnlichen Umgebung Szenarien zu entwickeln. Es reagiert auf Eingaben und führt die Geschichte basierend auf den Entscheidungen der Autor:innen weiter. Autor:innen können einen Grundkonflikt oder eine Charakterbeziehung beschreiben, und die KI erweitert diesen mit kreativen, oft unvorhersehbaren Wendungen.

Beispiel: *Ein Wissenschaftler, der an einem Heilmittel für eine tödliche Krankheit arbeitet, entdeckt, dass das Medikament unvorhersehbare Nebenwirkungen hat, die die soziale Ordnung ins Chaos stürzen können.*

- ***Dramatica Pro*** analysiert Plots und Konflikte auf Basis dramaturgischer Prinzipien. Es schlägt dynamische Szenarien vor, die auf den Zielen und Motivationen der Charaktere basieren. Autor:innen geben Charakterdetails und Konflikte ein, worauf die KI eine detaillierte Analyse liefert, wie diese Konflikte eskalieren oder gelöst werden könnten.

Beispiel: *Eine Rivalität zwischen zwei Schwestern, die beide einen Familienbetrieb übernehmen wollen, wird durch einen unerwarteten wirtschaftlichen Zusammenbruch verschärft.*

Weitere Beispiele für KI-generierte Konfliktszenarien

- **Zeitgenössisches Drama**

  Eingabe: „Erstelle einen Konflikt für eine Lehrerin, die versucht, ihre Schüler:innen in einer unterfinanzierten Schule zu inspirieren."

Generiertes Szenario: *Die Lehrerin gerät in Konflikt mit der Schulleitung, als sie beschließt, ein unkonventionelles Lehrprogramm zu starten, das sich direkt gegen die traditionellen Lehrpläne stellt. Die Schüler:innen stehen auf ihrer Seite, aber die Eltern sind gespalten.*

Narrative Bereicherung: Dieses Szenario bietet die Möglichkeit, soziale Themen wie Bildungspolitik, Widerstand und Gemeinschaft zu erforschen.

- **Krimi**

Eingabe: „Generiere einen Konflikt für einen Polizisten in einer Kleinstadt, der mit einem ungelösten Todesfall konfrontiert ist."

Generiertes Szenario: *Der Polizist entdeckt, dass eine Verdächtige aus seiner eigenen Familie stammt. Während er versucht, die Wahrheit zu finden, muss er zwischen Familie und polizeilicher Pflicht abwägen.*

Narrative Bereicherung: Diese Wendung fügt emotionale Tiefe und moralische Dilemmata hinzu, die das Potential haben, Leser:innen zu fesseln.

- **Sozialkritik in der nahen Zukunft**

Eingabe: „Beschreibe einen Konflikt in einer nahen Zukunft, in der soziale Medien den Zugang zu medizinischer Versorgung kontrollieren."

Generiertes Szenario: *Ein Influencer mit einer großen Fangemeinde erhält bevorzugten Zugang zu lebensrettenden Medikamenten, während ein engagierter Arzt aus einer ärmeren Gemeinde darum kämpft, seine Patient:innen zu versorgen. Beide werden gezwungen, zusammenzuarbeiten, um das System zu entlarven.*

Narrative Bereicherung: Dieses Szenario greift aktuelle Themen wie soziale Ungleichheit und Technologieethik auf.

Integration in den kreativen Schreibprozess

- **Exploration**: Autor:innen können verschiedene Eingaben ausprobieren, um alternative Konflikte zu erkunden und die besten Elemente zu kombinieren. Beispielsweise könnte die Eingabe „eine Protagonistin mit Schuldgefühlen" in einem Drama oder einem Thriller verwendet werden, je nach gewünschtem Genre.

- **Anpassung**: Die generierten Szenarien dienen als Inspiration und können durch zusätzliche Details oder persönliche Nuancen angepasst werden, um die Geschichte einzigartig zu machen.

- **Verfeinerung**: KI-Tools können iterativ verwendet werden, um Schwächen im Plot aufzudecken und Vorschläge zur Verbesserung der Spannung oder der Logik zu machen.

Fazit

KI-Tools bieten Autor:innen eine leistungsstarke Unterstützung bei der Entwicklung von Plot-Ideen und Konfliktszenarien. Sie helfen nicht nur, kreative Blockaden zu überwinden, sondern bereichern Geschichten mit dynamischen und unerwarteten Wendungen. Durch gezielte Eingaben und iterative Anpassungen können Autor:innen die Tools nutzen, um spannungsgeladene und tiefgründige Narrative zu schaffen.

4.3. Einsatz von KI zur Verfeinerung und Verbesserung bestehender Geschichten

Künstliche Intelligenz hat das Potenzial, Autor:innen nicht nur bei der Erstellung neuer Inhalte, sondern auch bei der Verfeinerung und Optimierung bestehender Geschichten zu unterstützen. KI-Tools bieten gezielte Analysen und Vorschläge, die Autor:innen helfen können,

Handlungskonsistenz sicherzustellen, narrative Lücken zu identifizieren und den Spannungsbogen zu verbessern. Diese Werkzeuge können dabei als virtuelle Lektorate fungieren, die den Text aus einer datenbasierten Perspektive betrachten.

- **Tools zur Prüfung der Handlungskonsistenz**

    Tools wie *Dramatica Pro* und *Plottr* analysieren die Struktur von Handlungen und prüfen, ob die Charaktere logisch handeln und ob die Konflikte im Einklang mit der etablierten Welt stehen. Diese Tools erkennen Inkonsistenzen, wie z. B. eine Figur, die plötzlich ohne ersichtlichen Grund ihre Motivation ändert, oder Ereignisse, die den bisher festgelegten Regeln der Erzählwelt widersprechen. Autor:innen können Geschichten hochladen, und die KI schlägt vor, wie man den jeweiligen Handlungsstrang anpasst, damit die Entwicklung der Protagonist:innen klarer wird.

- **Werkzeuge zur Identifikation narrativer Lücken**

    Scrivener mit KI-Integration oder Tools wie *Fictionary* markieren Abschnitte, in denen Übergänge fehlen oder bestimmte Aspekte der Handlung nicht ausreichend erklärt sind. Diese Werkzeuge analysieren den Text auf fehlende Verbindungen zwischen Szenen, unklare Motivationen oder plötzliche Wendungen, die nicht vorbereitet wurden. Die KI könnte vorschlagen, einen zusätzlichen Dialog einzufügen, um eine Beziehung zwischen Charakteren zu vertiefen, oder ein fehlendes Setup für einen Plot-Twist zu entwickeln.

- **Verbesserung von Struktur und Spannungsbogen**

    Tools wie *Hemingway Editor* und *ProWritingAid* bieten Analysen zur Lesbarkeit und schlagen strukturelle Änderungen vor. Diese Tools überprüfen den Spannungsbogen und identifizieren Stellen, an denen die Spannung nachlässt oder wo ein Höhepunkt unzureichend vorbereitet ist. Autor:innen können so z. B. feststellen, dass der Mittelteil einer Geschichte zu langsam ist, und die KI schlägt vor, einen Zwischenkonflikt einzubauen, um das Tempo zu erhöhen.

Anwendung der KI-Kritik durch Autor:innen

- **Erste Analyse und Feedback**: Autor:innen können ihre Geschichte hochladen, und die KI liefert detaillierte Berichte zu Schwächen in der Handlung, Inkonsistenzen in der Charakterentwicklung oder narrative Lücken. Dieses Feedback ist oft datengestützt und bietet konkrete Hinweise auf problematische Passagen.

- **Gezielte Überarbeitung**: Basierend auf den Vorschlägen der KI können Autor:innen gezielt an spezifischen Elementen der Geschichte arbeiten. Beispielsweise könnte eine KI vorschlagen, eine Nebenfigur stärker in die Haupthandlung zu integrieren, um den emotionalen Effekt eines Wendepunkts zu erhöhen.

- **Iterative Verfeinerung**: Autor:innen können nach der Überarbeitung die KI erneut einsetzen, um die Verbesserungen zu überprüfen und weiter zu optimieren. Diese iterative Herangehensweise ermöglicht eine kontinuierliche Verbesserung von Texten.

Beispiele für KI-gestützte Verbesserungen

- **Inkonsistente Charakterentwicklung**

  Eine KI analysiert einen Roman und erkennt, dass die Hauptfigur im letzten Drittel plötzlich eine Entscheidung trifft, die ihrer bisherigen Entwicklung widerspricht. Daraufhin empfiehlt die KI, frühere Szenen zu ergänzen, um diese Entscheidung besser vorzubereiten, z. B. durch Dialoge oder Rückblenden, die die Motivation verdeutlichen.

- **Fehlender Spannungsbogen**

  Der Spannungsbogen einer Geschichte flacht nach einem frühen Höhepunkt ab. Die KI schlägt vor, in der Mitte der Geschichte einen neuen Konflikt einzuführen, der die Charaktere weiter herausfordert und das Interesse der Leser:innen aufrechterhält.

- **Unglaubwürdige Wendung**

  Ein überraschender Plot-Twist wirkt unlogisch, da er nicht ausreichend vorbereitet wurde. Die KI schlägt vor, in vorherigen Kapiteln subtile Hinweise einzubauen, die den Twist glaubwürdiger machen.

Vorteile der Nutzung von KI für die Optimierung

- **Alternative Perspektive**: KI-Tools betrachten Geschichten häufig aus erstaunlich überraschenden Perspektiven und können Details erkennen, die Autor:innen möglicherweise übersehen.

- **Effizienz**: Die automatisierte Analyse spart Zeit und ermöglicht es Autor:innen, sich auf kreative Aspekte zu konzentrieren.

- **Kontinuierliche Verbesserung**: Durch iterative Überarbeitungszyklen können Autor:innen ihre Texte systematisch verfeinern.

Fazit

Der Einsatz von KI zur Verfeinerung und Verbesserung bestehender Geschichten bietet Autor:innen eine leistungsstarke Möglichkeit, Schwächen zu identifizieren und ihre Erzählungen zu optimieren. Indem sie die Vorschläge der KI in den Überarbeitungsprozess integrieren, können Autor:innen konsistentere, spannendere und emotionalere Geschichten entwickeln, die ihre Leser:innen begeistern. KI fungiert dabei nicht als Ersatz, sondern als unterstützendes Werkzeug, das die kreative Arbeit von Autor:innen ergänzt.

Wir haben ihn verloren

Bronx,
2020,
Regen auf den Dächern über dem Grand Concourse,
Ana Torres rennt über die Straße,
Schuhe in den Pfützen,
Wasser an ihren Beinen,
Lichter der Stadt gegen die Dunkelheit,
den Regen,
denkt an ihren Vater,
liegt allein in ihrer Wohnung in der Gerard Avenue,
hustet,
Fieber,
hat alles versucht,
ihn zu schützen,
nicht genug,
es reicht nie,
ihre Gedanken schneller als ihre Schritte.
Was tue ich?
Ich sollte bei Papá sein,
warum bin ich hier?
Jeden Tag der Kampf im Krankenhaus,
die vielen Sterbenden,
die Schmerzen,
bin ich überhaupt noch ein Mensch?
Spüre ich noch was?
Außer der Angst,
immer Angst,
was,
wenn ich die Nächste bin?
Wer wird Papá pflegen?
Was wird aus ihm?
Warum hat's uns getroffen?
Krankenschwester,
kämpft an vorderster Front gegen das Virus,

gegen die ständige Angst,
selbst zu erkranken,
ihren pflegebedürftigen Vater anzustecken,
versucht verzweifelt,
die Familie durchzubringen,
durch die Pandemie noch mehr Armut,
fühlt den Druck jeden Tag,
kneift die Augen zusammen,
versucht,
die Angst niederzukämpfen.
Wir sind stark,
immer gekämpft,
aber jetzt fällt alles auseinander.
Die Geräusche der Stadt,
Sirenen,
Hupen,
Schreie,
kann sie nicht länger ausblenden,
erreicht endlich das Backsteingebäude,
wo sie sich mit den anderen trifft,
hält inne,
Eingang dunkel,
Licht flackert im Flur,
nimmt die nassen Stufen zwei auf einmal,
schiebt die schwere Tür zum Dach auf,
kalter Wind ins Gesicht,
Carlos,
Lucía,
Miguel und Elena warten bereits,
Gesichter ausdruckslos,
von der Dunkelheit und dem Regen umhüllt,
Ana atemlos.
„Ihr seid hier."
Ihre Stimme brüchig,
will stark sein,
aber die Angst in den letzten Tagen zum ständigen Begleiter geworden,

ein Schatten,
der überall hin folgt.
„Wir sind alle hier."
Miguel Álvarez' Stimme leise,
blickt in die Ferne,
als könnte er dort was finden,
arbeitete vor dem Virus in der Bar El Puerto auf der Westchester,
jetzt klopft er auf eine alte Kiste,
die er als Sitzgelegenheit benutzt,
er ist der,
der Ruhe bewahrt,
auch wenn alles um ihn herum zusammenbricht,
aber auch in seinen Augen blitzt die stumme Sorge,
die Bar seit Monaten geschlossen,
Schulden.
Bald geht's weiter,
bald machen wir wieder auf.
Sagt er sich oft,
aber alle wissen,
dass es nicht so ist.
Die fünf sehen sich an,
langes Schweigen,
Carlos Guerra kreist um sich selbst,
Armut hat ihn eingeholt,
seine Haut blass,
seine Augen tief in den Höhlen,
Job im Handwerksbetrieb schon länger weg,
nichts mehr wie vorher,
hilft bei einer Tafel,
verteilt Lebensmittelpakete an Menschen,
die in derselben Notlage stecken wie er,
jetzt starrt er auf die Risse im Boden des Dachs.
Hab alles verloren,
die Tafel seit ein paar Tagen auch geschlossen,
kein Essen mehr für die Leute,
nicht mal das,

kann nicht mehr helfen,
was soll das?
Warum bin ich überhaupt noch hier?
Wie lange dauert es,
bis der Virus mich holt?
Keine Energie mehr,
mich zu wehren.
Seine Schultern sacken nach vorn,
sein Mut erloschen.
Lucía Ramirez starr neben ihm,
spürt,
wie der Wind an ihrer nassen Kleidung zerrt,
Lehrerin,
ihr Gesicht hinter einer Maske versteckt,
die sie kaum atmen lässt,
Erschöpfung in ihren Augen,
die vielen Bildschirmstunden mit den Schülern,
instabiles Internet,
enge Wohnung.
sitzt oft nachts im Bett,
fragt sich,
wann der Strom abgestellt wird,
beißt die Zähne zusammen.
Es macht keinen Sinn mehr,
all diese Kinder,
kommen nicht mehr in die Schule,
keine Bücher,
kein Unterricht,
verlieren die Kontrolle,
kann nichts tun,
was nützt mein Job,
wenn alles untergeht?
Was nützt es,
wenn ich nichts ändern kann?
Elena Yucunas Blick zum Himmel,
Träumerin,

große Augen,
sprach bis zuletzt von einer besseren Zukunft,
ihren Abschluss in Venezuela gemacht,
keine Jobs danach.
Die ganzen Jahre davon geträumt,
hierher zu kommen,
und jetzt,
gibt nichts mehr,
Venezuela weit weg,
dieselbe Not hier,
die Stimmen meiner Eltern am Telefon,
verlassen sich auf mich,
aber ich habe nichts.
Ihr Blick stumm,
der leise Ton von Sirenen durch den Wind,
während sie auf dem Dach stehen,
auf die Stadt starren,
die Straßen fast menschenleer,
kein Ort mehr,
an dem sie sich verstecken können,
Carlos bricht die Stille,
hustet.
„Ich bin positiv."
Die Worte wie Schüsse in der kalten Luft,
Ana zuckt zusammen,
ihre Augen weiten sich.
„Carlos,
nein –"
Tritt vor,
als könnte sie ihn festhalten,
ihn vor dem Unvermeidlichen schützen,
er hebt die Hand,
stoppt sie.
„Spielt keine Rolle mehr,
Ana."
Seine Stimme ruhig,

fast resigniert.
„War nur eine Frage der Zeit."
Carlos' Gedanken durcheinander.
Ist es also das?
Ist das das Ende?
Warum kämpfe ich noch?
Niemand wird sich erinnern,
niemand sich kümmern um einen,
der am Ende stirbt,
wie so viele andere,
die Stadt macht weiter,
für mich kein Weitermachen mehr.
Ana kann die Tränen nicht länger zurückhalten.
„Du kannst nicht aufgeben,
Carlos,
nicht jetzt!"
„Es ist zu spät."
Senkt den Kopf.
„Zu spät für mich."
Sie umarmt ihn.

Die Tage danach ein verschwommenes Chaos aus Angst und Isolation.
Carlos verschwindet im Mount Sinai,
hören nur sporadisch von ihm,
wissen,
dass er dort allein ist,
dürfen ihn nicht besuchen,
dürfen nicht bei ihm sein,
während sein Leben verblasst,
wissen,
was kommt.
der Tod allgegenwärtig,
greifbar,
legt sich kalt um die Knochen,
dann die Nachricht,
Carlos gestorben,

niemand bei ihm.
Ana im Krankenhausflur,
ihre Hände zu Fäusten geballt.
Ich habe versagt,
total versagt,
hätte ihn retten sollen,
wie konnte ich ihn allein lassen?
Wie konnte ich das zulassen?
Fühlt die Leere in ihrem Brustkorb,
das schreckliche Gewicht der Realität.
Wieso konnten wir nichts tun?
Wieso bin ich hier,
wenn ich niemandem helfen kann?
In der Nacht versammeln sie sich wieder auf dem Dach,
wissen alle,
dass nichts mehr so sein würde wie früher,
Elenas Flüstern.
„Er ist fort,
wir haben ihn verloren."
Ihre Augen auf die Lichter der Stadt gerichtet,
sterbende Sterne.
Miguel noch leiser,
presst die Lippen zusammen,
um nicht zu weinen,
ein Murmeln.
„Ja,
wir sind alle allein,
am Ende."
Ana starrt in den Himmel,
die Tränen laufen unaufhaltsam über ihre Wangen.
Carlos war der Stärkste von uns allen.
Und jetzt?
Wer rettet uns,
wenn Carlos sich nicht mal selbst retten konnte?
Niemand antwortet,
es gibt keine Antworten.

5. Dialoge und stilistische Feinheiten

5.1. Einsatz von KI zur Generierung realistischer und überzeugender Dialoge

Dialoge sind ein zentraler Bestandteil von Geschichten, die Charaktere lebendig machen und die Handlung vorantreiben. KI kann Autor:innen dabei unterstützen, realistische, dynamische und an das Setting angepasste Dialoge zu generieren. Dabei können unterschiedliche Gesprächsstile und sogar regionale Dialekte berücksichtigt werden, um die Authentizität und emotionale Wirkung zu erhöhen.

Techniken zur Generierung von Dialogen

- **Kontextbasierte Textgenerierung**

    KI-Modelle wie GPT können Dialoge generieren, die auf den spezifischen Kontext und die Persönlichkeit der Charaktere zugeschnitten sind. Autor:innen geben eine Beschreibung der Situation oder der Charaktere ein, und die KI erstellt passende Gesprächsverläufe.

    Beispiel:

    Eingabe: „Schreibe einen Dialog zwischen einer ehrgeizigen Wissenschaftlerin und einem skeptischen Politiker über die Finanzierung eines umstrittenen Umweltprojekts."

    Output:
    Wissenschaftlerin: „Herr Minister, ohne diese Finanzierung treiben Sie uns direkt in die ökologische Katastrophe. Ihre Nachlässigkeit wird Generationen zerstören."
    Politiker: „Nachlässigkeit? Was ich sehe, ist eine Wissenschaft, die Millionen für Theorien verschlingt, während echte Menschen ihre Rechnungen nicht zahlen können."
    Wissenschaftlerin: „Echte Menschen? Sie meinen die Menschen, die

Ihre Politik ignoriert, während ihre Häuser überflutet werden? Ihre ‚echten Menschen' werden bald keine Erde mehr haben, auf der sie ihre Rechnungen zahlen können!"
Politiker: „Sparen Sie sich die Dramatik. Sie wollen doch nur einen Blankoscheck, ohne Garantie, dass Ihre Ideen überhaupt funktionieren."
Wissenschaftlerin: „Die einzige Garantie hier ist, dass Tatenlosigkeit uns in den Abgrund führt. Aber wenn Sie das in Ihrem Amt verantworten wollen, schreiben wir das gerne in die Geschichtsbücher."

- **Stil- und Tonanpassung**

KI kann Dialoge in verschiedenen Stilen und Tonarten generieren, z. B. humorvoll, formell oder emotional aufgeladen. Autor:innen können den gewünschten Stil in der Eingabe angeben.

Beispiel:

Eingabe: „Generiere einen humorvollen Dialog zwischen zwei Freunden, die über die besten Filme streiten."

Output:
Freund 1: „Also, wenn du ‚Der Herr der Ringe' nicht magst, dann bist du offiziell von jeder Filmnacht ausgeschlossen."
Freund 2: „Bitte! Drei Stunden lang Leute beobachten, die durch Landschaften laufen und auf Berge steigen? Ich brauche Action, nicht Wanderlust."
Freund 1: „Ah, ja, weil ‚Fast and Furious' natürlich die Spitze cineastischer Kunst ist. Autos fliegen durch Wolkenkratzer – echt realistisch."
Freund 2: „Besser als zehn Minuten Elfenpoesie, die klingt, als hätte jemand ein Gedicht auf der Toilette geschrieben."
Freund 1: „Du hast keine Ahnung von Kultur. Ich wette, du denkst, ‚Shrek 2' ist ein Meisterwerk."
Freund 2: „Shrek 2 *ist* ein Meisterwerk. Donkey singt: ‚Ich brauche einen Helden'. Das ist Emotion pur!"

- **Simulation von Emotionen**

KI kann Dialoge erzeugen, die starke Emotionen wie Wut, Freude oder Trauer ausdrücken. Dies ist besonders nützlich, um dramatische Szenen mit intensiven zwischenmenschlichen Konflikten zu entwickeln.

Beispiel:

Eingabe: „Schreibe einen emotionalen Dialog zwischen einem Vater und seinem Sohn, dessen Ehefrau bzw. Mutter am Vortag gestorben ist."

Output:
Vater: „Hast du … was gegessen?"
Sohn: „Nee … hatte keinen Hunger."
Vater: „Ich … ich auch nicht."
Eine lange Pause. Beide sitzen am Küchentisch, der leere Teller vor dem Vater bleibt unberührt.
Sohn: „Papa, weißt du … wie's jetzt weitergeht?"
Vater: „Nein, weiß ich nicht."
Sohn: „Ich dachte, du … du weißt doch sonst immer alles."
Der Vater schiebt den Teller weg.
Vater: „Diesmal nicht."
Der Sohn starrt auf die Tischplatte.
Sohn: „Ihr habt doch immer alles … zusammen gemacht."
Vater: „Ja … haben wir."
Beide bleiben schweigend sitzen.

- **Erzeugung von Dialekten und regionalen Sprachstilen**

KI kann regionale Sprachstile und Dialekte nachahmen, indem sie spezifische grammatische Strukturen, Wortschatz und Ausdrücke integriert.

Beispiel:

Eingabe: „Generiere einen Dialog im Berlinerischen Dialekt zwischen einem Polizisten und einem Raser."

Output:
Polizist: „Na, det war ja mal 'n Raketenstart, wa? Jlaubste, ick hab keene Augen im Kopp?"
Raser: „Och, komm, Herr Wachtmeesta, dit warn doch bloß zwee Sekunden zu schnell, wa! Dit merkt doch keener."
Polizist: „Zwee Sekunden? Ick hab dir janz Berlin in 30 Sekunden durchqueren sehn! Haste 'n Termin beim Kanzler oder wat?"
Raser: „Nee, ick wollt nur die Ampeln alle grün jeschn, die Chance krieg-ste ja sonst nich."
Polizist: „Janz clever. Aba weeste wat? Bei mir is jetz rot! Fahrzeugschein und Pappe, bitte."
Raser: „Mensch, ick fahr nur leidenschaftlich!"
Polizist: „Leidenschaftlich? Na, denn leidet gleich dein Konto leidenschaftlich mit!"

Integration der KI-generierten Dialoge in den Schreibprozess

- **Anpassung an Charaktere und Handlung**: KI-generierte Dialoge dienen als Ausgangspunkt, den Autor:innen an ihre Charaktere und die spezifische Dynamik ihrer Geschichte anpassen können.

- **Iterative Verbesserung**: Autor:innen können die KI bitten, Variationen eines Dialogs zu erstellen, um den idealen Ton oder die beste Struktur zu finden.

- **Erweiterung des kreativen Repertoires**: KI hilft, alternative Stile und Perspektiven zu erkunden, die Autor:innen möglicherweise nicht von selbst in Betracht ziehen würden.

Fazit

Die Generierung von Dialogen mit KI ist ein wertvolles Werkzeug für Autor:innen, um realistische, stilistisch passende und emotionale Gespräche zu gestalten. Durch die Fähigkeit, verschiedene Stile, Dialekte und Tonlagen zu simulieren, bietet KI eine unerschöpfliche Quelle für Inspiration und kreative Unterstützung. Autor:innen können diese Technik nutzen, um ihre Geschichten zu bereichern und Charaktere noch lebendiger zu machen.

5.2. KI-Tools zur Analyse und Anpassung des Schreibstils

Der Schreibstil ist das Markenzeichen von Autor:innen. KI-Tools können Autor:innen dabei helfen, ihren Stil zu analysieren, anzupassen und zu verfeinern. Mithilfe fortschrittlicher Textanalysefunktionen bieten diese Werkzeuge Unterstützung, um den Ton, die Metaphorik, die Satzstruktur und die stilistische Konsistenz eines Textes zu optimieren. Gleichzeitig ermöglichen sie, den Stil berühmter Schriftsteller:innen nachzuahmen oder kreative neue Stilrichtungen zu erkunden.

Funktionen von KI-Werkzeugen zur Schreibstilanalyse

- **Anpassung des Tons**

  KI-Tools wie *Jasper AI* analysieren den Ton eines Textes und bieten Vorschläge, wie er an die Zielgruppe angepasst werden kann. Ein Text kann z. B. von formal zu locker, von nüchtern zu emotional oder von sachlich zu humorvoll umgeschrieben werden. Eine KI könnte z. B. vorschlagen, eine formelle Produktbeschreibung für ein junges Publikum mit jugendlicher Sprache und informellen Ausdrücken umzugestalten.

- **Verwendung von Metaphern**

  Einige KI-Tools, wie *Sudowrite*, erkennen flache oder direkte Beschreibungen und schlagen kreative Alternativen vor, z. B. durch die Einbindung von Metaphern oder anderen Stilmitteln. Eine kraftlose Beschreibung wie „Der Himmel war rot" könnte etwa durch „Der Himmel brannte wie Feuer" ersetzt werden, was die Szene gegebenenfalls lebendiger macht.

- **Strukturierung von Sätzen**

  Tools wie *Hemingway Editor* helfen dabei, die Lesbarkeit von Texten zu verbessern. Sie identifizieren zu lange oder verschachtelte Sätze, passiven Sprachgebrauch und unnötige Adjektive und schlagen klarere Alternativen vor. „Es war ein langer Tag voller harter Arbeit, die mich völlig erschöpft hatte" könnte beispielsweise zu „Der Tag war lang und erschöpfend" werden.

- **Stilbrüche erkennen**

  KI kann Stilbrüche identifizieren, z. B. wenn der Text plötzlich von einer formellen zu einer informellen Sprache wechselt oder wenn der Ton nicht konsistent bleibt. Dies ist besonders wichtig für längere Texte wie Romane oder Sachbücher. Wenn z. B. in einem Sachbuch plötzlich umgangssprachliche Formulierungen auftauchen, kann eine KI darauf hinweisen und Vorschläge zur Angleichung machen.

Nachahmung berühmter Schriftstellerstile

KI-Tools können den Stil berühmter Schriftsteller:innen analysieren und Texte generieren, die deren charakteristische Sprachmuster nachahmen. Dies bietet Autor:innen eine interessante Möglichkeit, verschiedene literarische Techniken zu erkunden.

Ein Autor könnte eine KI beispielsweise bitten, eine Passage im Stil von Jane Austen zu schreiben, indem er Eingaben wie „Schreibe eine Beschreibung einer Gartenparty im viktorianischen Stil" macht. Das Ergebnis könnte lauten:

„Die Gäste flanierten gemächlich zwischen den wohlgeordneten Hecken, während die Damen in anmutiger Zurückhaltung freundliche Bemerkungen austauschten – Worte, deren Höflichkeit zwar untadelig, doch nicht immer von aufrichtiger Anteilnahme getragen war."

Autor:innen können diese Nachahmungen als Inspirationsquelle nutzen, um neue Stilelemente in ihre eigenen Werke zu integrieren, wobei es jedoch wichtig ist, nicht epigonenhaft den Stil ihrer Lieblingsautor:innen zu kopieren, sondern daraus zu lernen und ihren eigenen Ton zu entwickeln.

Integration von KI-Tools in den Schreibprozess

- **Erste Analyse des Stils**: Autor:innen können einen Textabschnitt hochladen, um Rückmeldungen zur Sprachstruktur, Tonalität und Lesbarkeit zu erhalten. Dies ist besonders hilfreich, um Probleme frühzeitig zu erkennen.

- **Iterative Anpassung**: Autor:innen können die vorgeschlagenen Änderungen umsetzen und die KI erneut einsetzen, um den überarbeiteten Text zu überprüfen. Dieser iterative Prozess hilft, den Text zu verfeinern.

- **Experimentieren mit neuen Stilrichtungen**: Autor:innen können KI-Tools verwenden, um verschiedene Stilrichtungen zu simulieren, bevor sie sich auf eine endgültige Version festlegen.

- **Feinschliff und Konsistenzprüfung**: Am Ende des Schreibprozesses können KI-Tools dazu verwendet werden, den gesamten Text auf Konsistenz und Kohärenz zu prüfen. Dies schließt die Überprüfung von Stilbrüchen und die Vermeidung von Wiederholungen ein.

Vorteile der Nutzung von KI zur Stilverbesserung

KI-Tools bieten nützliches Feedback und helfen, stilistische Schwächen zu erkennen, die Autor:innen möglicherweise übersehen. Durch automatisierte Analysen können Autor:innen Zeit sparen und sich auf kreative

Aspekte konzentrieren, statt mühsam Details zu optimieren. KI schlägt nicht nur neue Metaphern, Satzstrukturen oder Stile vor, die Autor:innen inspirieren und ihre eigene Schreibweise bereichern können. Autor:innen können auch verschiedene Stilrichtungen ausprobieren, um ihre Texte optimal auf ihre Zielgruppe abzustimmen.

Fazit

KI-Tools zur Analyse und Anpassung des Schreibstils sind eine wertvolle Unterstützung für Autor:innen, die ihre Texte verfeinern und ihre Schreibfähigkeiten weiterentwickeln möchten. Von der Optimierung des Tons bis hin zur Nachahmung literarischer Stile bieten diese Werkzeuge vielseitige Möglichkeiten, um Texte klarer, ansprechender und konsistenter zu gestalten. Autor:innen können diese Technologien als kreative Assistenz nutzen, um ihre eigenen Stärken hervorzuheben und ihre schriftstellerischen Fähigkeiten kontinuierlich zu verbessern.

5.3. Beispiele und Übungen zur stilistischen Anreicherung von Texten durch KI

Wie im vorigen Kapitel gezeigt, können KI-Tools Autor:innen nicht nur dabei helfen, ihren Schreibstil zu analysieren, sondern auch neue Stilrichtungen erkunden oder vorhandene Texte mit mehr Tiefe und Nuancen bereichern. Die folgenden Übungen und Beispiele zeigen, wie Autor:innen KI gezielt nutzen können, um ihren Stil zu entwickeln und ihre literarischen Fähigkeiten zu verbessern.

Beispiele für die stilistische Bereicherung durch KI

- **Verwandlung einfacher Beschreibungen in lebendige Szenen**

    Originaltext: „Die Sonne ging unter und es wurde dunkel."

    Von KI angereicherter Text: „Die Sonne sank träge hinter den Hügeln und malte den Himmel in tiefe Purpurtöne, bevor die Dunkelheit wie ein lautloser Schleier herabfiel."

- **Anpassung des Tons an verschiedene Zielgruppen**

    Formeller Stil: „Dieses Buch bietet eine umfassende Analyse der wirtschaftlichen Auswirkungen von Klimawandelmaßnahmen."

    Von KI umgeschriebener informeller Stil: „In diesem Buch geht es darum, wie der Klimawandel unsere Wirtschaft beeinflusst – und was wir dagegen tun können."

- **Nachahmung berühmter Schriftsteller:innen**

    Im Stil Ernest Hemingways: „Der Wind war stark. Die Männer sprachen nicht. Sie sahen auf das Meer."

    Im Stil Jane Austens: „Ein lebhafter Wind wehte durch die Küste, als ob er die unruhigen Gedanken der Männer, die schweigend auf das Meer blickten, noch weiter anfachen wollte."

Übungen zur stilistischen Anreicherung von Texten mit KI

- **Übung 1: Die Beschreibung transformieren** mit dem Ziel, einen einfachen Satz in verschiedene literarische Stile umwandeln.

    Geben Sie einer KI folgenden Satz: *„Der Regen fiel auf die Stadt."* Bitten Sie die KI, den Satz in verschiedenen Stilen zu schreiben, zum Beispiel:

    - Schwärmerisch: „Der Regen küsste sanft die Dächer der Stadt und ließ sie wie Diamanten glitzern."
    - Düster: „Der Regen peitschte auf die Stadt nieder, als würde er versuchen, ihre düstere Vergangenheit zu tilgen."
    - Poetisch: „Wie silberne Fäden zog der Regen über die Stadt, flüsternd und leise."

Vergleichen Sie die Ergebnisse und wählen Sie die Version, die am besten zu Ihrem aktuellen Projekt passt.

- **Übung 2: Dialogstil variieren** mit dem Zweck, einen Dialog an unterschiedliche Zielgruppen oder Charaktere anpassen.

  Eingabe: *„Schreibe einen Dialog zwischen einem Lehrer und einem Schüler, der den Unterricht schwänzt."* Probiere folgende Variationen aus:

  - Formell: „Ich habe bemerkt, dass Sie meinen Unterricht heute Morgen nicht besucht haben. Gibt es eine Erklärung dafür?"
  - Humorvoll: „Na, heute Morgen verschlafen oder gab's was Spannenderes als Mathe?"
  - Emotional: „Ich mache mir Sorgen um dich. Warum warst du heute nicht da?"

  Nutzen Sie die Vorschläge, um den Ton an die Beziehung und das Setting anzupassen.

- **Übung 3: Metaphern und Bildsprache einsetzen** am Beispiel der Aufwertung einer trockenen Beschreibung durch kreative Metaphern.

  Geben Sie der KI eine einfache Beschreibung: *„Der Wind wehte durch die Bäume."* Bitten Sie anschließend die KI, eine Version mit bildhafter Sprache zu erstellen, z. B.:

  - „Der Wind raste durch die Bäume wie ein unsichtbarer Dirigent, der ein wildes Orchester zum Klingen brachte."

  Schreiben Sie anschließend eine eigene Version, um wenig originelle Vorschläge wie diesen zu verbessern und gekünstelten Stil zu vermeiden.

- **Übung 4: Experimentieren mit literarischen Genres** mit dem Ziel, einen Absatz in verschiedenen Genres zu schreiben.

    Geben Sie der KI eine Grundsituation: „*Eine Frau geht nachts durch eine leere Straße.*" Bitte die KI, diese Szene in verschiedenen Genres zu gestalten, z. B.:

    - Thriller: „Ihre Schritte hallten laut in der Stille. Der Schatten hinter ihr schien sich zu bewegen."
    - Fantasy: „Das Mondlicht enthüllte magische Symbole, die auf den Pflastersteinen glühten, als sie voranschritt."
    - Sci-Fi: „Die Leuchtreklamen der Drohnentaxis tauchten die Straße in unnatürliches Licht. Die Stille wurde nur vom Summen der Überwachungskameras unterbrochen."

    Nutzen Sie die generierten Ergebnisse, um neue Ansätze für deine Geschichte zu entdecken.

- **Übung 5: Stilbrüche erkennen und beheben**, um die Konsistenz des Schreibstils sicherzustellen.

    Laden Sie einen Ihrer Texte in ein KI-Tool wie *ProWritingAid* und analysieren Sie den Stil auf mögliche Brüche. Beispiele für Stilbrüche:

    - Ein formeller Bericht enthält plötzlich eine humorvolle Bemerkung:

        „Die jüngsten Testergebnisse bestätigen die hohe Zuverlässigkeit unseres neuen Bremssystems und erfüllen alle Sicherheitsstandards. Auch unter Extrembedingungen blieb die Performance stabil und fehlerfrei. Kurz gesagt: Dieses Ding hält besser als die Diätvorsätze nach Neujahr!"

- Eine dramatische Szene wechselt unabsichtlich zu einer neutralen Sprache.

„Donner grollte, der Himmel zerrissen von zuckenden Blitzen, als Peter keuchend durch den Regen rannte. Jeder Schritt ein Kampf gegen das drohende Unheil, das ihm im Nacken saß. Schließlich erreichte er das Haus und zog die durchnässten Schuhe aus."

Bitten Sie die KI, Vorschläge zur Angleichung zu machen, und überarbeiten Sie die problematischen Stellen entsprechend.

Fazit

Die Übungen zeigen, wie Autor:innen KI-Tools nutzen können, um ihren Schreibstil mit mehr Tiefe, Nuancen und kreativer Ausdruckskraft zu bereichern. Durch die Kombination von KI-generierten Vorschlägen und der eigenen kreativen Handschrift sind Autor:innen in der Lage, ihre literarischen Fähigkeiten zu verfeinern und ihren Texten eine einzigartige, ansprechende Note zu verleihen.

6. Welt- und Settinggestaltung

6.1. Nutzung von KI zur Entwicklung von faszinierenden Settings und Welten

Die Erschaffung detaillierter und lebendiger Welten ist ein zentraler Aspekt vieler literarischer Werke, sei es in Fantasy, Science-Fiction oder realistischen Dramen. KI-Tools bieten Autor:innen innovative Möglichkeiten, ihre Visionen zum Leben zu erwecken, indem sie geografische, historische und kulturelle Details generieren oder verfeinern. Diese Tools können dazu beitragen, immersive Settings zu schaffen, die Leser:innen tief in die Welt der Geschichte eintauchen lassen.

Geografische Aspekte:

- KI-Tools wie *World Anvil* oder *Azgaar's Fantasy Map Generator* können detaillierte Karten generieren, die geografische Merkmale wie Berge, Flüsse, Städte und Klimazonen umfassen. Dies ermöglicht es Autor:innen, glaubwürdige Umgebungen zu gestalten, die mit der Handlung und den Charakteren harmonieren.
  Eine Autorin kann beispielsweise eine Welt erschaffen, in der ein riesiger Gebirgszug zwei Königreiche trennt, und die KI bietet Details zur Flora, Fauna und den klimatischen Bedingungen.

Historische Aspekte:

- KI-Tools können historische Hintergründe generieren, einschließlich dynastischer Entwicklungen, politischer Konflikte und technologischer Fortschritte. Dies ist besonders nützlich, um fiktive Welten mit einem realistischen Gefühl von Tiefe und Entwicklung zu versehen.
  Eine Geschichte, die in einem mittelalterlichen Setting spielt, könnte von einer KI profitieren, die die Geschichte eines Königreichs mit dynastischen Machtkämpfen und einem religiösen Schisma detailliert ausarbeitet.

Kulturelle Aspekte:

- KI-Tools wie *ChatGPT* oder *Sudowrite* können kulturelle Details wie Traditionen, Kleidung, Sprache und Kunst generieren. Sie helfen dabei, einzigartige und glaubwürdige Kulturen zu schaffen, die die Welt lebendig machen. Eine KI kann beispielsweise die Rituale und Feiertage einer isolierten Berggemeinschaft entwerfen, die auf einem Zyklus von Sternenkonstellationen basieren.

Beispiele für KI-generierte Welten

- **Beispiel 1: Fantasy-Welt mit geografischem Schwerpunkt**

Ein Autor möchte eine Fantasy-Welt erschaffen, die von vier Elementarkönigreichen regiert wird. Mithilfe eines KI-Karten-Generators wird eine Karte erstellt, die jedes Königreich geografisch abgrenzt – z. B. eine Wüstenregion für das Feuerkönigreich und ein dicht bewaldetes Gebiet für das Erdkönigreich. Die KI fügt Details wie Handelsrouten, gefährliche Kreaturen und isolierte Dörfer hinzu. Die Leser:innen können die unterschiedlichen Regionen nicht nur sehen, sondern auch fühlen, da die KI detaillierte Beschreibungen der Klimazonen und ihrer Auswirkungen auf die Menschen liefert.

- **Beispiel 2: Vorort mit einer sozialkritischen Geografie**

Eine Autorin plant ein sozialkritisches Drama in einem erfundenen Vorort einer deutschen Großstadt. Die KI generiert eine detaillierte Karte des Vororts, einschließlich der Trennung zwischen wohlhabenden Wohnvierteln mit Einfamilienhäusern und einem nahegelegenen Hochhausviertel mit sozialen Brennpunkten.
Die KI ergänzt Informationen über die Infrastruktur, wie Buslinien, ein Einkaufszentrum und eine nahegelegene Autobahn, sowie die soziale und kulturelle Dynamik der Bewohner:innen.

- **Beispiel 3: Dystopische Stadt in der nahen Zukunft**

  Ein Autor erschafft eine futuristische Metropole, in der eine technokratische Regierung regiert. Die KI generiert eine Skyline aus massiven Türmen, die durch schwebende Brücken verbunden sind, sowie unterirdische Slums, in denen die Technologie versagt hat. Sie liefert auch Details zur Architektur, zu sozialen Klassen und der Infrastruktur der Stadt.
  Die Leser:innen werden durch die lebhaften Kontraste zwischen den glitzernden Oberflächen und den düsteren Abgründen der Stadt in die Geschichte gezogen.

Verbesserung der Immersion, narrativen Tiefe und Lebendigkeit

KI-Tools helfen, geografische, historische und kulturelle Aspekte einer Welt miteinander in Einklang zu bringen. So bleibt die Welt realistisch und kohärent, was die Immersion der Leser:innen verstärkt.

Durch die Integration von KI-generierten Details können Autor:innen Welten mit vielschichtigen Ebenen schaffen – von der Infrastruktur bis zu sehr feinen kulturellen Nuancen. Dabei können Autor:innen die von der KI gelieferten Grundlagen an ihre Geschichte jederzeit anpassen, um spezifische narrative Anforderungen zu erfüllen.

Praktische Tipps zur Nutzung von KI-Tools

Starte mit klaren Eingaben und definiere grundlegende Merkmale deiner Welt, bevor du die KI nutzt, z. B. „Erstelle eine Inselwelt mit vulkanischen Landschaften und einer matriarchalen Gesellschaft."
   Verwende KI-generierte Inhalte als Inspiration und kombiniere und erweitere sie mit deiner kreativen Vision. Lass die KI alternative Versionen erstellen, um unterschiedliche Möglichkeiten zu erkunden und iterativ zum besten Ergebnis zu kommen.

Fazit

Die Nutzung von KI-Tools zur Entwicklung von Settings und Welten bietet Autor:innen eine effektive Möglichkeit, detaillierte, lebendige und immersive Umgebungen für ihre Geschichten zu schaffen. Durch die Kombination geografischer, historischer und kultureller Elemente können Autor:innen einzigartige Welten erschaffen, die die Handlung unterstützen und Leser:innen fesseln. Die Möglichkeiten, die KI insbesondere in diesem Bereich bietet, machen sie zu einem wertvollen Werkzeug für Autor:innen.

6.2. Beispiele für KI-generierte Beschreibungen von Orten und Zeiten

KI kann eine beeindruckende Vielfalt und Präzision bei der Beschreibung von Orten und Zeiten bieten. Von dystopischen Zukunftsstädten bis hin zu historischen Schauplätzen ermöglichen diese Beschreibungen Autor:innen, ihre visuelle Vorstellungskraft zu erweitern und immersive Welten zu schaffen, die Leser:innen in die Handlung hineinziehen. Hier sind Beispiele, die zeigen, wie KI vielseitige Settings generieren kann und wie Autor:innen diese Texte anpassen können, um sie in ihre Geschichten zu integrieren.

- **Dystopische Zukunftsstadt**

  „Die Skyline der Stadt ist ein stählernes Meer aus kantigen Türmen, die sich in den permanent grauen Himmel recken. Überfüllte Drohnenspuren ziehen sich wie pulsierende Adern zwischen den Gebäuden hindurch, während unten ein Gewirr aus bröckelnden Gehwegen und dunklen Gassen liegt, wo die Straßenlaternen flackern und längst vergessen sind. Die Luft riecht nach Metall und verbranntem Plastik, ein Mahnmal der Überproduktion. An jeder Ecke blinken grelle Hologramme, die mit verzerrten Stimmen für Produkte werben, die niemand mehr kaufen kann."

Diese Beschreibung bietet klare visuelle Elemente und schafft eine bedrückende Atmosphäre, die perfekt zu einer dystopischen Handlung passt. Autor:innen können die Hologramme nutzen, um subtile Details über die Gesellschaft einzuflechten, etwa indem sie eine satirische Werbebotschaft integrieren.

- **Industrielle Hafenstadt im 19. Jahrhundert**

„Dicker schwarzer Rauch kriecht aus den Schloten der Fabriken und mischt sich mit dem salzigen Nebel, der vom Hafen herüberweht. Die Holzplanken der Kais sind feucht und rutschig, durchtränkt von verschüttetem Öl und Fischblut. Männer in abgetragenen Mänteln ziehen schwere Karren, während Dampfschiffe mit schrillem Pfeifen ankündigen, dass ihre Ladung gelöscht werden kann. Über allem hängt ein dumpfes Dröhnen von Maschinen und das ständige Knarren der Taue, die sich um die klammen Masten spannen."

Diese dichte Beschreibung vermittelt nicht nur den visuellen Eindruck des Hafens, sondern auch die Geräusche und Gerüche, die das Setting beleben. Autor:innen könnten das Dröhnen der Maschinen oder die sozialen Spannungen der Arbeiterklasse für Dialoge oder Szenen verwenden.

- **Militärbunker während eines Konflikts**

„Die Wände des Bunkers sind kalt und rau, bedeckt mit Kondenswasser, das in stillen Tropfen auf den Boden fällt. Eine Reihe flackernder Glühbirnen hängt tief über langen Tischen, auf denen zerknitterte Karten, halb leere Tassen Kaffee und verstreute Berichte liegen. Soldaten in grauen Uniformen sprechen leise, ihre Gesichter gezeichnet von Müdigkeit und Anspannung. Von oben dröhnt dumpfer Kanonenbeschuss, und gelegentlich vibriert der Boden, während Staub von den Decken rieselt."

Diese Beschreibung erzeugt eine beklemmende Atmosphäre, die perfekt für eine Szene geeignet ist, in der Entscheidungen unter Druck getroffen werden. Autor:innen könnten die flackernden Glühbirnen oder den Kanonenbeschuss nutzen, um die Dringlichkeit und das Chaos des Moments zu verstärken.

- **Zentraleuropäische Stadt in den 1960er Jahren**

„Die Straßen sind mit Kopfsteinpflaster bedeckt, das in den Kurven glänzt, wo der Regen sich sammelt. An den Ecken stehen massive Betonblöcke mit verblassten Propagandaplakaten, deren Farben sich wie Schatten auf die graue Umgebung legen. Kinder rennen mit zerschlissenen Jacken zwischen parkenden Autos hindurch, während ältere Männer in schlecht sitzenden Anzügen vor kleinen Cafés Zigaretten rauchen. Die Geräusche von Fahrrädern und Straßenbahnen vermischen sich mit den Stimmen eines Marktplatzes, der trotz allem eine seltsame Lebendigkeit ausstrahlt."

Diese Beschreibung fängt die Atmosphäre einer vom Wiederaufbau geprägten europäischen Stadt ein. Autor:innen könnten die Plakate oder die Geräusche der Straßenbahn nutzen, um die historische und soziale Kulisse ihrer Geschichte weiter auszubauen.

Wie Autor:innen KI-generierte Texte anpassen können

- **Fokussierung auf spezifische Details**: Autor:innen können die generierte Beschreibung auf die Elemente reduzieren, die für ihre Geschichte relevant sind. Beispielsweise könnte in der Hafenszene der Fokus auf den Geruch gelegt werden, um eine Stimmung der Unsauberkeit zu erzeugen.

- **Integration in die Handlung**: Die Beschreibungen lassen sich nahtlos in die Geschichte einfügen, indem sie durch die Wahrnehmung ihrer Charaktere gefiltert werden. Der Militärbunker könnte durch die Augen eines neuen Rekruten beschrieben werden, um die Unsicherheit und Angst zu verdeutlichen.

- **Erweiterung mit kreativen Ergänzungen**: Autor:innen können die generierten Beschreibungen als Ausgangspunkt verwenden, um weitere Details hinzuzufügen, die ihre spezifische Erzählung bereichern. Eine Zukunftsstadt könnte z. B. um soziale Spannungen erweitert werden, die sich in der Architektur widerspiegeln.

Fazit

KI-generierte Beschreibungen von Orten und Zeiten sind nicht nur Werkzeuge zur Bereicherung des Textes, sondern auch eine Quelle kreativer Inspiration, die Autor:innen dabei unterstützt, neue Perspektiven auf ihre Settings zu entwickeln. Diese Beschreibungen erlauben es, atmosphärische Details und Eindrücke nahtlos in die Erzählung einzubinden, die Leser:innen unmittelbar in die Welt der Geschichte ziehen. Durch die Anpassung und Ergänzung dieser KI-generierten Inhalte können Autor:innen nicht nur ihre eigenen kreativen Grenzen erweitern, sondern auch sicherstellen, dass ihre Schauplätze mehr als nur Hintergründe sind – sie werden zu aktiven Akteuren, die die Stimmung und die Handlung der Geschichte beeinflussen. Dies fördert eine tiefere Verbindung zwischen Leser:innen, Charakteren und Setting und verleiht der Erzählung eine zusätzliche Dimension.

6.3. Kreative Herausforderungen im Weltbau und Lösungen durch KI

Weltbau ist besonders in Genres wie Fantasy, Science-Fiction oder historischen Romanen eine der komplexesten Aufgaben beim Schreiben von Geschichten. Autor:innen stehen vor einer Vielzahl kreativer Herausforderungen: Wie erschafft man originelle Welten, die sich von existierenden Klischees abheben? Wie stellt man sicher, dass die Welt konsistent bleibt, selbst wenn sie vielschichtig und detailreich ist? Und wie integriert man unterschiedliche kulturelle Einflüsse, ohne dass die Welt unzusammenhängend wirkt? KI kann eine wertvolle Unterstützung sein, um diese Probleme zu bewältigen und die Visionen von Autor:innen in kohärente, faszinierende Welten zu übersetzen.

Kreative Herausforderungen im Weltbau

- **Originalität bewahren**: Autor:innen laufen Gefahr, sich auf bekannte Tropen und Klischees zu stützen, was die Einzigartigkeit ihrer Welten beeinträchtigen kann. Eine Fantasy-Welt mit Elfen, Zwergen und einer mittelalterlichen Monarchie z. B. fühlt sich oft vertraut an, was es schwierig macht, etwas Neues zu schaffen.

- **Konsistenz sicherstellen**: In komplexen Welten ist es eine Herausforderung, logische Brüche zu vermeiden. Wenn etwa geografische Gegebenheiten, wirtschaftliche Strukturen oder magische Systeme inkohärent sind, kann dies die Immersion der Leser:innen stören. Eine Wüste neben einem tropischen Regenwald ohne Erklärung für das Klima wirkt unglaubwürdig.

- **Integration kultureller Vielfalt**: Eine Welt, die kulturelle, sprachliche und historische Vielfalt glaubwürdig darstellt, erfordert intensive Recherche und die Fähigkeit, komplexe Systeme zu verknüpfen. Die Koexistenz beispielsweise von nomadischen Völkern und hochentwickelten Stadtstaaten innerhalb derselben Welt muss nicht nur logisch, sondern auch narrativ überzeugend sein.

Lösungen durch KI

- **Originalität fördern**

    KI kann dabei helfen, originelle Ideen zu generieren, die sich von bekannten Mustern abheben. Durch Eingaben, die auf ungewöhnliche Kombinationen abzielen, liefert die KI unkonventionelle Ansätze für Weltgestaltung.

    Beispiel-Eingabe: „Erstelle eine Welt, in der die Hauptenergiequelle biologisch lebende Kristalle sind, die ihre Umgebung beeinflussen."

Ergebnis: *Eine Welt, in der lebende Kristalle in unterirdischen Höhlen wachsen und die Farben des Himmels verändern, abhängig von ihrer Frequenz. Die Gesellschaft entwickelt sich um den Handel und die Züchtung dieser Kristalle, während politische Konflikte über die Besitzrechte ausbrechen.*

- **Konsistenz wahren**

KI kann komplexe Details analysieren und darauf achten, dass die verschiedenen Elemente einer Welt miteinander harmonieren. Autor:innen können spezifische Fragen stellen, um potenzielle Inkonsistenzen zu vermeiden.

Beispiel-Eingabe: „Beschreibe, wie eine Gesellschaft in einem kalten Klima ohne Zugang zu fossilen Brennstoffen überleben könnte."

Ergebnis: *Die Gesellschaft setzt auf geothermale Energiequellen und hat hochspezialisierte Methoden der Isolation entwickelt. Ihre Architektur besteht aus kuppelförmigen Strukturen, die Wärme speichern, während Nahrung in unterirdischen Hydroponik-Farmen angebaut wird.*

- **Kulturelle Vielfalt integrieren**

KI kann helfen, Kulturen zu entwerfen, die authentisch und vielfältig wirken, ohne dass sie wie zufällig aneinandergefügt erscheinen. Dies geschieht durch die Simulation von Handelsbeziehungen, Migration oder historischen Konflikten.

Beispiel-Eingabe: „Entwerfe eine Welt, in der ein maritimes Imperium mit nomadischen Bergvölkern koexistiert."

Ergebnis: *Das Imperium ist abhängig von den Bergvölkern, die seltene Mineralien liefern. Handelskarawanen durchqueren regelmäßig gefährliche Gebirgspfade, und diplomatische Beziehungen basieren* *auf zerbrechlichen Bündnissen. Die Bergvölker betrachten das Meer als tabu, während die Stadtbewohner das Gebirge als unwirtlich und barbarisch ansehen.*

Praktische Anwendungen für Autor:innen

- **Spezifische Fragen für Detailtiefe**

    Beispiel-Eingabe: „Beschreibe, wie eine Gesellschaft ohne Metall Werkzeuge entwickelt."

    Ergebnis: Autor:innen erhalten plausible Alternativen wie Stein-, Keramik- oder Knochenwerkzeuge, die helfen, ihre Welt realistischer zu gestalten.

- **Konflikte aus der Weltstruktur ableiten**

    Beispiel-Eingabe: „Generiere Konflikte für eine Welt, in der Magie durch eine knappe Ressource kanalisiert wird."

    Ergebnis: Die KI macht Vorschläge, wie politische Intrigen oder Umweltzerstörung den Konflikt vorantreiben.

- **Historische Entwicklungen simulieren**

    Beispiel-Eingabe: „Wie entwickelt sich eine Gesellschaft, die durch ein Jahrhundert des Friedens geprägt ist?"

    Ergebnis: Autor:innen erfahren, wie sich Technologie, Kunst und Kultur in einer stabilen Gesellschaft entfalten und welche neuen Spannungen daraus entstehen können.

- **Ungewöhnliche Kombinationen ausprobieren**

    Beispiel-Eingabe: „Entwerfe eine Wüstenstadt, die auf der Technologie riesiger Windtürme basiert."

Ergebnis: Autor:innen erhalten Ideen für innovative architektonische Konzepte und deren Einfluss auf das tägliche Leben der Bewohner.

Weitere Beispiele für KI-Lösungen in der Praxis

- **Eine Stadt ohne Sonne**

    Beispiel-Eingabe: „Entwerfe eine Stadt, die permanent im Dunkeln liegt."

    Ergebnis: *Die Stadt verwendet biolumineszente Pflanzen, die in jedem Gebäude wachsen, um Licht zu erzeugen. Die Gesellschaft hat keine visuelle Kunst entwickelt, sondern setzt auf Musik und Gerüche als Ausdrucksformen. Die Dunkelheit prägt die sozialen Hierarchien, da diejenigen, die in den beleuchteten Zonen leben, mehr Macht besitzen.*

- **Integration von Technologie und Magie**

    Beispiel-Eingabe: „Wie könnte Magie mit moderner Technologie koexistieren?"

    Ergebnis: *Zauberer haben sich auf die Programmierung magischer Algorithmen spezialisiert, die mithilfe technischer Geräte ausgeführt werden. Magische Energie wird durch Akkus gespeichert, die von Drohnen transportiert werden, was zu einem Schwarzmarkt für magische Energie führt.*

Fazit

KI bietet vielfältige kreative Lösungen für die Herausforderungen des Weltbaus, indem sie Originalität fördert, Konsistenz sicherstellt und kulturelle Vielfalt glaubwürdig integriert. Sie kann Autor:innen helfen, nicht nur Details ihrer Welten auszuarbeiten, sondern auch die zugrunde liegenden Strukturen und Dynamiken zu verstehen, die diese Welten lebendig machen. Durch gezielte Eingaben können Autor:innen die

Potenziale der KI ausschöpfen, um komplexe, einzigartige und tiefgründige Welten zu erschaffen, die ihre Geschichten bereichern und Leser:innen nachhaltig beeindrucken.

Ich schaffe es nicht allein

Die kleine Stadt Hawksworth,
früher Morgen,
träger Nebel in den Straßen,
Schieferdächer,
blasse Fassaden,
darunter der Glanz vergangener Jahre,
die Bramble Lane durchschneidet den Ort,
früher eine Lebensader,
die Bäckerei,
bröckelnder Putz,
der Rusty Anvil Pub,
Fenster geschwärzt.

Henry Rawlins,
Swallow Street,
Nummer 12,
schmales Reihenhaus,
winzige Küche mit kleinem Fenster,
Blick auf die Bramble Lane,
er liebt die Routine,
beruhigend,
so früh aufzustehen,
Wasser kocht,
warme Tasse in den Händen,
kräftiger Tee,
Arbeit im Walzwerk am Stadtrand,
ständiges Zischen und Hämmern,
Rhythmus der ganzen Stadt,
vertraut,
Henry schätzt die Beständigkeit,
glaubt an das,
was hart erarbeitet wird.
Heute ist es anders,
kann es spüren,

wird immer schwieriger,
denkbar,
dass sie die Produktion drosseln,
wer weiß für wie lange,
ist das noch aufzuhalten?
Was,
wenn ich nach Hause komme und nichts mehr habe?
Bloß nicht dran denken,
weitermachen,
so lange es geht,
immer weiter.
Seine Mutter Agnes lebt bei ihm,
ihre schwachen Hände schütteln leicht,
wenn sie ihn morgens verabschiedet.

„Pass auf dich auf,
Junge."

Er nickt,
etwas ungeduldig,
lächelt.

Mary Chapman,
Crescent Street,
Nummer 6,
andere Seite der Bramble Lane,
altes viktorianisches Haus,
hat bessere Tage gesehen,
Holz an den Fensterrahmen abgesplittert,
Farbe abgerieben,
doch die Wohnung lebt,
Marys zwei kleine Söhne,
Eli und Toby,
bringen Lachen und Schreie in die Räume,
Mary ist zäh,
stärker als sie glaubt,

ist diejenige,
die alles aufrechterhält,
seit sie ihren Mann verloren hat,
diejenige,
die Brot auf den Tisch bringt,
arbeitet als Aushilfe in der Bäckerei,
die Besitzerin gibt ihr manchmal mehr Brot,
weiß,
dass Mary es braucht.
Das Licht im Haus schwach heute Morgen,
all der Putz an den Wänden,
blättert immer mehr ab,
Dachrinne hängt runter,
klappert,
Eli und Toby schlafen noch,
ihre kleinen Hände fest auf den Decken,
muss heute zur Bäckerei,
hoffentlich gibt es altes Brot,
das sie nicht verkaufen,
Henry da drüben in der Swallow Street,
sehe ihn oft durch das Fenster,
wenn er wüsste,
wie es ist,
Kinder zu ernähren,
immer die hungrigen Augen auf sich zu haben,
Mama,
warum haben wir wieder Kartoffeln?
Auch noch ranzig,
ich lächle,
sage etwas Freundliches,
in mir nur Ratlosigkeit,
immer die Fragen,
warum haben wir nie genug?

Henry erfährt von der Schließung des Walzwerkes in einem schäbigen, kleinen Büro,
der Vorarbeiter hat ihn vorher nie angesehen.

„Es tut mir leid,
wir fahren die Produktion runter,
Kosten sind einfach zu hoch."

Henry packt seine Sachen,
verlässt das Werk,
die Worte hallen in seinem Kopf nach,
fühlt sich an wie ein Stück Metall,
in einen Schraubstock gespannt,
was jetzt?
Habe die Arbeit immer gemacht,
jeden Tag,
fünfundzwanzig Jahre,
spielt keine Rolle,
Mum wird mich fragen,
wie war es,
Junge?
Was soll ich sagen?
Werde lächeln,
lügen,
kein Grund,
sie zu beunruhigen,
die Fabrik,
die Metallpressen,
das Gedröhne,
ein Teil von mir,
das mich verlässt,
warum gerade jetzt?
Wer bin ich ohne all das?
Mum braucht mich,
brauchen das Geld.
Schlurft die Bramble Lane entlang,
vorbei an den kahlen Gärten,
Mary sieht ihn durchs Fenster.
Sieht ganz anders aus heute,

kommt früh nach Hause,
Schultern gesenkt,
wie jemand,
der was verloren hat,
vielleicht die Arbeit,
wär schrecklich,
dann wären wir beide ohne Hoffnung,
täte mir so leid,
ich kenn ja das Gefühl,
kein Ziel vor Augen,
keine Lösung,
alles dunkel,
immer dunkler,
wenn der Winter erst kommt,
vielleicht –
vielleicht könnten wir uns gegenseitig helfen,
aber was,
wenn es nicht reicht,
was,
wenn es auch dann zu wenig wäre?
Sieht,
wie er den Rusty Anvil Pub betritt,
bleibt dort den Tag über,
am Nachmittag nach Haus,
öffnet die Haustür,
sieht Agnes,
die in ihrem Sessel sitzt,
eine Decke um die schmalen Schultern.

„Wie war der Tag,
Junge?"

Lächelt,
ihr schwaches,
hoffnungsvolles Lächeln,
bricht Henry das Herz.

„Gut,
Mum,
alles gut."

Agnes sieht ihn an,
zieht ihre Decke höher.
Mein Junge,
gut zu mir,
jeden Morgen ein Kuss auf die Stirn,
Tee auf dem Tisch,
denkt,
ich merke nicht,
dass was nicht stimmt,
sehe es in seinen Augen,
den Händen,
sagt,
die Fabrik hat Probleme,
ich weiß,
es ist mehr als das,
die ganze Stadt stirbt,
erinnere mich,
wie es früher war,
lebendiger,
voller Menschen,
lachende Gesichter,
jetzt alles so still,
Fenster dunkel,
Häuser fallen auseinander,
Henry braucht gar nichts zu sagen,
ich weiß,
dass die Arbeit weg ist,
vielleicht ist es das Ende,
vielleicht ist es einfach Zeit,
loszulassen,
bin müde,
zu viele Jahre,

leere Tage.
Wochen verstreichen,
keine neue Arbeit,
die Fabrik hat fast allen den Job gekostet,
Stellen in Hawksworth längst vergeben,
viele woanders hin,
Henry am Fenster,
beobachtet die Bramble Lane,
sieht Mary,
die schnell an seinem Haus vorbeiläuft,
hat wieder Brot geholt,
gesenkter Kopf,
ihre Kinder an der Hand,
er denkt an seine Mutter,
die immer mehr an Kraft verliert,
das wenige Geld,
das noch bleibt.
Auch Mary kämpft,
reicht nicht aus,
die Kinder brauchen mehr,
gibt Tage,
an denen sie nicht weiß,
wie sie Essen auf den Tisch bringen soll.

„Mama,
haben wir heute Abend wieder Kartoffeln?"

Tobys unschuldige Stimme,
Mary beißt sich auf die Lippe.

„Ja,
Schatz."

Nur ein Flüstern,
wendet sich schnell ab,
damit die Kinder ihre Tränen nicht sehen,
sehen sie trotzdem.

Dauert nicht lange,
Mary klopft an Henrys Tür,
braucht Hilfe,
irgendetwas,
Henry öffnet die Tür,
als sie sein Gesicht sieht,
weiß sie,
auch er ist verloren,
ein Schatten,
seine Augen leer,
hängende Schultern,
auch er sieht ihre Augen.
Sieht mich an,
weiß Bescheid,
was noch sprechen,
nicht viel,
alle Worte zu schwer.

„Mary,
ich –"

Weiß nicht,
was sie sagen soll,
sieht die Kahlheit des Hauses,
spürt die Kälte,
die Stille überrollt sie,
Verständnis zwischen ihnen,
gemeinsame Verzweiflung.

„Ich schaffe es nicht allein,
vielleicht könnten wir – zusammenhalten."

Marys Worte zerbrechlich,
Henry nickt,
vielleicht,
zusammen,

es gibt keinen anderen Weg,
feuchte Augen,
vielleicht die einzige Chance,
alles,
was bleibt.

Henry fängt an,
mehr Zeit bei Mary zu verbringen,
hilft,
wo er kann,
kümmert sich um die Kinder,
schleppt Feuerholz,
Mary gibt ihm Kartoffeln,
wenn sie welche hat,
ein seltsames,
brüchiges Arrangement,
für den Moment scheint es zu funktionieren,
die Realität holt sie schnell ein,
das Geld aufgebraucht,
die Unterstützung,
die sie erhalten haben,
reicht nicht für die Rechnungen,
der Winter bricht herein,
Tage kurz,
die Kälte kriecht in die Zimmer,
Agnes in ihrem Sessel.
Henry oft fort,
höre ihn schon lange nicht mehr lachen,
Mary kommt,
bringt Suppe,
ich weiß,
sie hat selbst kaum was,
heute Nacht bleibe ich in meinem Sessel,
bin müde,
die Geräusche draußen,
die Stimmen,

die Kinder,
alles weit weg,
schließe die Augen,
es ist still,
so still.
Henry wacht eines Morgens auf,
findet Agnes friedlich in ihrem Sessel,
ihre Hände,
die so lange gezittert haben,
still auf der Decke,
er weint nicht,
kann nicht mehr weinen,
geht hinaus auf die kalte Straße,
Hände tief in den Taschen,
der Atem ein letztes Zeichen von Leben.
Als er an Mary vorbeigeht,
weiß sie,
dass er aufgegeben hat.

„Henry,
wohin gehst du?"

Ihre Stimme bricht,
er antwortet nicht,
sein Weg führt raus aus Hawksworth,
fort von den stillen Straßen,
den bröckelnden Häuserfronten,
Mary bleibt zurück,
sieht ihm nach,
der Nebel verschluckt ihn.

So endet alles,
die Stadt still,
Häuser wie Schatten,
ein Hauch von Leben,
längst verblasst,

die Bramble Lane ausgestorben,
Mary mit ihren Kindern in den Armen,
Kälte dringt durch die Fenster,
Wind in den Ritzen,
Verlorenheit füllt jeden Winkel des Hauses,
so zerbrechlich ist das Leben,
wenn alle Hoffnung schwindet,
wenn alles vorbei geht,
jetzt schlafen die Kinder,
ich weiß,
dass sie hungrig sind,
halte sie fest,
versuche sie warm zu halten,
aber in mir ist nichts mehr,
alles leer,
ich weiß,
es ist alles vorbei.

7. Kreatives Schreiben und KI

7.1. Integration von KI in den kreativen Schreibprozess

Einsatz von KI im lyrischen Schreiben

Lyrik lebt von präziser Wortwahl, Verdichtung von Sprache, klanglichem Ausdruck, Rhythmus und der Schaffung intensiver Stimmungen. KI-Tools können hier als Inspirationsquelle genutzt werden, um neue Wege in der lyrischen Sprache zu erkunden und kreative Blockaden zu überwinden, ohne die Kontrolle von Autor:innen zu untergraben.

Inspiration durch Sprachmuster und Wortassoziationen

KI-Tools wie *ChatGPT* oder *Sudowrite* unterstützen Autor:innen bei der Erkundung von Sprachmustern und Wortassoziationen, indem sie neue Perspektiven und ungewöhnliche Kombinationen von Wörtern bieten.

- **Beispiel**: Ein Autor gibt die Eingabe: *„Schreibe eine kurze lyrische Passage über den Wechsel der Jahreszeiten."*

    Ergebnis: „Das Grün wird müde, die Sonne flüstert ‚Lebewohl' und küsst die Erde gold, während die Schatten länger werden und die Zeit in kalten Nächten sich zusammenrollt."

    Anwendung: Dieses Beispiel erzeugt einen multisensorischen Eindruck des jahreszeitlichen Wandels, indem es den Fokus auf subtile Bewegungen und Übergänge legt. Es inspiriert den Autor, diese Bilder weiter zu verarbeiten und in einen eigenen Kontext zu setzen. Autor:innen können das Ergebnis anpassen, indem sie Wörter oder Passagen auswählen, die besonders wirkungsvoll sind, und sie in ihren jeweils eigenen Stil integrieren.

Inspiration durch Satzassoziationen

KI-Tools können durch Satzassoziationen überraschende Wendungen in den kreativen Prozess bringen, indem sie Begriffe auf unerwartete Weise kombinieren. Autor:innen geben ein oder mehrere Wörter ein, und die KI erzeugt daraus neue Verbindungen, die Denkanstöße liefern.

- **Beispiel**: Eine Lyrikerin gibt die Begriffe „Mauer", „Stimme" und „Flug" ein. Die KI generiert folgende Assoziationen:

Ergebnis:

„Die Mauer atmet, jede Spalte trägt Stimmen, die nicht fortfliegen können."

„Die Mauer spricht, aber nur ihr Schweigen erhebt sich wie ein Vogel in die Luft."

„Ein großer Flug beginnt dort, wo eine neue Stimme die Mauer zerreißt."

Hier entstehen unerwartete Bilder und Verknüpfungen, die Lyriker:innen weiterentwickeln können. Die KI bietet keinen fertigen Text, sondern inspirierende Anknüpfungspunkte, die Raum für Interpretation lassen. Dieses Vorgehen kann insbesondere dann hilfreich sein, wenn Autor:innen neue metaphorische Verbindungen suchen, ohne dabei auf bekannte Sprachmuster zurückzufallen.

Unterstützung bei Rhythmus und Reim

KI-Tools können metrische Strukturen analysieren und Empfehlungen zur Optimierung des rhythmischen Flusses und der Klangstruktur geben, um die klangliche Wirkung eines Gedichts zu verstärken. Auch Vorschläge für Reime oder ganze Strophen sind möglich.

- **Beispiel**: *„Erstelle eine Strophe im Reimschema ABAB zum Thema ‚Erinnerung'."*

  Ergebnis: „Die Schatten tanzen durch den Raum,
  vergangene Zeiten streifen mich.
  Ein Flüstern wie in einem Traum,
  Erinnerung verblasst allmähliglich."

  Anwendung: Autor:innen können die Struktur übernehmen, einzelne Zeilen anpassen oder sie als Grundlage für ein neues Gedicht verwenden.

Vermeidung sprachlicher Wiederholungen

KI-Tools können Autor:innen darauf hinweisen, wenn sich bestimmte Wörter oder Phrasen zu oft wiederholen. Lyriker:innen, die bewusst mit Wiederholungen arbeiten, können so entscheiden, welche Stellen diese Stilfigur verstärken und wo sie möglicherweise die Wirkung abschwächt.

Einsatz von KI im dramatischen Schreiben

Im dramatischen Schreiben steht die Interaktion zwischen Charakteren im Fokus, die durch Dialoge, Konflikte und visuelle und akustische Inszenierung zum Ausdruck kommt. KI kann Autor:innen in verschiedenen Phasen des kreativen Prozesses unterstützen:

- **Entwicklung von Konflikten und Szenenaufbau**

  KI kann Vorschläge für Konflikte liefern, die sich aus den Motivationen und Zielen der Charaktere ableiten. Dies hilft Autor:innen, Szenen zu entwickeln, die aufeinander aufbauen und die Spannung steigern.

- **Dialoggenerierung und -verfeinerung**

    Wie im erzählerischen Schreiben können Autor:innen KI-Tools verwenden, um realistische oder stilisierte Dialoge zu generieren. Die KI kann Dialogvarianten für unterschiedliche Tonalitäten oder Emotionen liefern und so den kreativen Prozess bereichern.

- **Struktur und dramaturgischer Bogen**

    KI kann dabei helfen, den dramaturgischen Bogen eines Theaterstücks zu analysieren und Schwächen in der Struktur aufzudecken. Dies ermöglicht Autor:innen, die Dynamik ihrer Szenen zu verbessern und sicherzustellen, dass jede Szene ihren Beitrag zur Handlung leistet.

- **Visualisierung von Bühnenbildern und Bühnenanweisungen**

    Mit der Unterstützung von KI können Autor:innen Vorschläge für visuell überzeugende Bühnenbilder und lebendige und funktionale szenische Anweisungen erhalten, die die Bewegungen der Figuren beschreiben und den Kontext der Handlung unterstützen.

Beispiel: *„Beschreibe die Atmosphäre einer U-Bahn-Station für eine dramatische Szene."*

Ergebnis: „Graffiti bedecken die Wände, ihre Farben verblasst, durchzogen von Wasserflecken. Ein plätscherndes Geräusch hallt durch den leeren Tunnel. Pfützen glänzen in der Dunkelheit. Neonröhren flackern. Ein kalter Luftzug, scharfer Geruch von Metall."

Dieses Setting verbindet visuelle und akustische Details, um eine bedrückende und zugleich eindringliche Atmosphäre zu schaffen, die in zahlreichen Genres als dramatische Kulisse dienen kann. Autor:innen können diese Beschreibung verändern oder erweitern, um die spezifische Stimmung ihrer Szene zu unterstreichen.

Fazit

KI-Tools eröffnen Lyriker:innen und Dramatiker:innen neue Möglichkeiten, ihren kreativen Prozess zu bereichern, ohne ihre künstlerische Vision zu verlieren. Sie können Inspiration liefern, sprachliche Präzision fördern und technische Unterstützung bieten, während die endgültigen kreativen Entscheidungen stets bei den Autor:innen bleiben. Die einzigartige Fähigkeit der KI, sprachliche Verdichtung und Dramatik zu unterstützen, macht sie zu einer wertvollen Assistenz, die dabei unterstützt, dynamische Struktur, Dialoge und künstlerische Wirkung insgesamt auf ein neues Niveau zu heben.

7.2. Beispiele von Autor:innen, die KI erfolgreich in ihrem Schreibprozess integriert haben

Trotz der wachsenden Akzeptanz von KI im kreativen Schreiben zögern viele Autor:innen, ihren Einsatz offen zuzugeben. Sie befürchten, dass Leser:innen und Käufer:innen den Einsatz von KI als „Abkürzung" oder gar als mangelnde Kreativität interpretieren, was die Wahrnehmung der Qualität ihrer Werke negativ beeinflusst. Besonders in einer Branche, die Authentizität und Originalität hochschätzt, besteht die Sorge, dass KI-gestütztes Schreiben als unpersönlich oder mechanisch wahrgenommen wird. Einige Autor:innen berichten, dass sie KI zwar als wertvolle Inspirationsquelle nutzen, dies jedoch im Hintergrund halten, um die künstlerische Integrität ihrer Arbeit nicht infrage stellen zu lassen. Diese Zurückhaltung zeigt, dass trotz der technologischen Fortschritte und der Möglichkeiten, die KI bietet, noch immer Vorbehalte in der breiten Öffentlichkeit bestehen, die es zu überwinden gilt.

Tatsächlich nutzen sowohl etablierte als auch aufstrebende Autor:innen KI-Tools, um ihre Kreativität zu fördern, den Schreibfluss zu verbessern und neue narrative Wege zu erkunden. Im Folgenden werden fünf Autor:innen vorgestellt, die KI erfolgreich in ihren Schreibprozess integriert haben, einschließlich der verwendeten Werkzeuge, erzielten Ergebnisse, angewandten Methoden und überwundenen Herausforderungen.

- **Stephen Marche**

  Werk: „Death of an Author" (2023)

  Einsatz von KI: Stephen Marche (Pseudonym Aidan Marchine) nutzte hauptsächlich *ChatGPT*, *Cohere* und *Sudowrite*, um nicht nur den Haupttext zu generieren, sondern auch das Cover-Art und die Buchbeschreibungen zu erstellen. Marche behauptet, dass etwa 95% des Buches von KI generiert wurden, wobei er die Ausgaben der KI-Systeme redigierte und in das Gesamtwerk integrierte.

  Ergebnis: Das Resultat dieser Mensch-KI-Kollaboration ist ein Werk, das als eines der ersten Bücher gilt, das extensiv KI-generierten Text verwendet. Marches Experiment lotet die Möglichkeiten und Grenzen von KI im kreativen Schreiben aus und zeigt, wie KI traditionelle Schreibmethoden ergänzen und den kreativen Prozess beschleunigen kann.

  Herausforderungen: Eine der Hauptschwierigkeiten bestand vermutlich darin, die von der KI generierten Texte so zu bearbeiten, dass sie stilistisch konsistent und literarisch ansprechend sind. Marche musste sicherstellen, dass die KI-Ausgaben zum Gesamtnarrativ passten und die gewünschte Tiefe und Kohärenz aufwiesen. Zudem erforderte die Integration von 95% KI-generiertem Inhalt wahrscheinlich ein hohes Maß an redaktioneller Arbeit, um eine einheitliche Erzählstimme und einen durchgängigen Stil zu gewährleisten.

- **K Allado-McDowell**

  Werk: „Pharmako-AI" (2020)

  Einsatz von KI: K Allado-McDowell schuf „Pharmako-AI" in einem innovativen Prozess der Zusammenarbeit mit OpenAI's GPT-3. Das Buch entstand während der ersten Sommermonate der Coronavirus-Pandemie aus einer Reihe experimenteller Gespräche zwischen dem Autor und der KI. In diesem Prozess fungierte GPT-3 als Co-Autor, wobei Allado-McDowell die Eingaben und Ausgaben kuratierte und strukturierte.

Ergebnis: Das Resultat ist ein faszinierendes hybrides Werk, das menschliche Kreativität mit maschineller Intelligenz verwebt. Es untersucht Themen wie Bewusstsein, Ökologie, Intelligenz und Technologie im Kontext einer Welt, die mit vielfältigen Krisen konfrontiert ist, und bietet einen einzigartigen Einblick in die kollaborative Schaffung von Literatur durch Mensch und Maschine.

Herausforderungen: Eine zentrale Herausforderung bei der Erstellung von „Pharmako-AI" lag in der Entwicklung eines kohärenten und bedeutungsvollen Dialogs mit der KI, der sowohl intellektuell stimulierend als auch literarisch wertvoll sein sollte. Allado-McDowell musste einen iterativen Prozess des Schreibens, Generierens und sorgfältigen Kuratierens anwenden, um einen schlüssigen narrativen Pfad zu gewährleisten.

- **Ross Goodwin**

  Werk: „1 the Road" (2018)

  Einsatz von KI: Ross Goodwin nutzte ein KI-System, das er in ein Auto integrierte, um während einer Reise von New York nach New Orleans einen Roman zu generieren. Das System verwendete eine ausgeklügelte Kombination aus Überwachungskamera, GPS-Gerät, Mikrofon und Uhr, um kontinuierlich Umgebungsdaten zu sammeln, die in Echtzeit von einer KI verarbeitet und in Text umgewandelt wurden.

  Ergebnis: Das resultierende Werk „1 the Road" ist ein experimenteller Roman, der die Möglichkeiten der automatisierten Textgenerierung und die Beziehung zwischen Mensch, Maschine und Umgebung erforscht. Bemerkenswert ist, dass der gesamte Text auf Kassenrollen gedruckt wurde, die im Laufe der Reise den

Rücksitz des Autos füllten – ein physisches Zeugnis des kreativen Prozesses.

Herausforderungen: Die Entwicklung eines KI-Systems, das zuverlässig und kontinuierlich in einem fahrenden Auto funktionieren konnte, erwies sich als anspruchsvoll. Eine weitere Herausforderung lag in der Entscheidung, den generierten Text trotz „holpriger" Prosa und typografischer Fehler unbearbeitet zu lassen, was den experimentellen Charakter des Projekts unterstreicht.

- **Jennifer Lepp**

   Werk: Cozy-Mystery-Romane unter dem Pseudonym Leanne Leeds

   Einsatz von KI: Jennifer Lepp integriert KI-Tools wie *Sudowrite* in ihren Schreibprozess. Sie nutzt KI, um Plot-Ideen zu entwickeln, Schreibblockaden zu überwinden und Textpassagen zu verfeinern. Dabei setzt sie sich ein Zeitlimit von 49 Tagen, um einen Roman zu schreiben und zu bearbeiten, wobei die KI-Unterstützung eine zentrale Rolle spielt.

   Ergebnis: Durch den Einsatz von KI konnte Lepp ihre Produktivität erheblich steigern. Die KI half ihr dabei, unerwartete Handlungsstränge zu entwickeln und ihre Geschichten mit frischen Ideen zu bereichern. Dies ermöglichte es ihr, neue kreative Wege zu erkunden und gleichzeitig ihre ehrgeizigen Zeitvorgaben einzuhalten.

   Herausforderungen: Eine Herausforderung bestand darin, die von der KI generierten Inhalte so zu bearbeiten, dass sie zu ihrem persönlichen Schreibstil passen und die Erwartungen der Leser:innen erfüllen. Lepp musste sorgfältig darauf achten, dass die KI-Unterstützung ihre kreative Stimme ergänzt, ohne sie zu dominieren. Zudem bemerkte sie, dass die intensive Nutzung von KI dazu führte, dass sie weniger über ihre Charaktere nachdachte, was sie als potentiellen Verlust kreativer Intimität empfand.

- **Ammaar Reshi**

  Werk: „Alice and Sparkle" (2022)

  Einsatz von KI: Ammaar Reshi nutzte KI-Tools wie *ChatGPT* und *Midjourney*, um das Kinderbuch „Alice and Sparkle" zu erstellen. ChatGPT half bei der Generierung des Textes, während Midjourney für die Illustrationen verwendet wurde.
  Ergebnis: Innerhalb eines einzigen Wochenendes entstand ein 12-seitiges Kinderbuch, das die Geschichte von Alice erzählt, einem Mädchen, das ihre eigene Künstliche Intelligenz namens Sparkle erschafft. Die Erzählung thematisiert, wie Sparkle Selbstbewusstsein entwickelt und eigenständige Entscheidungen trifft. Das Projekt wurde als Beispiel für die schnellen und kosteneffizienten Möglichkeiten der KI-gestützten Bucherstellung hervorgehoben.

  Herausforderungen: Reshi sah sich mit Kritik aus der Verlagsbranche und von Künstler:innen konfrontiert, die Bedenken hinsichtlich der Qualität (unnatürlich dargestellte Finger, schwebende Objekte etc.) und der ethischen Implikationen von KI-generierten Inhalten äußerten. Er musste sich mit Fragen der Urheberschaft und der Originalität auseinandersetzen.

Fazit

Die Integration von KI in den Schreibprozess hat sich für viele Autor:innen als äußerst nützlich erwiesen, unabhängig von ihrem Genre oder ihrem Erfahrungsniveau. Die erfolgreichsten Methoden beinhalten oft eine Kombination aus KI-generierten Inhalten und menschlicher Bearbeitung, um sicherzustellen, dass die Texte kohärent, konsistent und literarisch ansprechend sind. Die Herausforderungen liegen oft in der Kuratierung und Bearbeitung der KI-generierten Inhalte, um sicherzustellen, dass sie den spezifischen Anforderungen des Projekts entsprechen. Dennoch zeigen diese Fallbeispiele, dass KI ein wertvolles Werkzeug sein kann, um neue narrative Möglichkeiten zu erkunden und den Schreibprozess zu bereichern. Jennifer Lepps Beispiel unterstreicht besonders, wie KI auch in etablierten Serien und Genres wie Urban

Fantasy erfolgreich eingesetzt werden kann, um frische Ideen und innovative Ansätze zu fördern.

7.3. Ethische und praktische Überlegungen beim Einsatz von KI im kreativen Schreiben

Der Einsatz von Künstlicher Intelligenz im kreativen Schreiben wirft eine Vielzahl ethischer und praktischer Fragen auf. Während KI-gestützte Werkzeuge Autor:innen unterstützen und neue kreative Möglichkeiten eröffnen, bringen sie auch Herausforderungen mit sich, die von Urheberrechtsfragen über Authentizität bis hin zu den Auswirkungen auf die Literaturbranche reichen. Neben diesen ethischen Fragen spielen auch praktische Aspekte wie Kosten, Effizienz und der Umgang mit KI-generierten Texten im Schreibprozess eine wichtige Rolle. Eine ausgewogene Betrachtung der Vorteile und Risiken hilft, den nachhaltigen und verantwortungsbewussten Einsatz von KI im kreativen Schreiben zu gestalten.

Urheberrechtliche Herausforderungen und geistiges Eigentum

Eines der zentralen ethischen Probleme beim Einsatz von KI in der Literatur betrifft das Urheberrecht. Die meisten KI-Modelle werden mit großen Mengen an Texten trainiert, darunter Werke von Autor:innen, die nie explizit ihre Zustimmung zur Nutzung ihrer Texte gegeben haben. Dadurch ergeben sich mehrere rechtliche und moralische Fragen:

- **Wem gehört der von einer KI generierte Text?**

  In vielen Ländern ist Urheberrecht an eine menschliche Schöpfung gebunden. Texte, die rein von einer KI generiert wurden, sind in der Regel nicht urheberrechtlich geschützt, was Unsicherheiten für Autor:innen und Verlage schafft.

- **Darf KI auf geschützte Werke zugreifen, um neue Inhalte zu generieren?**

Viele KI-Systeme sind mit urheberrechtlich geschützter Literatur trainiert worden, ohne dass die betroffenen Autor:innen oder Verlage gefragt wurden oder eine Entschädigung erhalten haben.

- **Wie können Autor:innen KI-generierte Inhalte nutzen, ohne gegen das Urheberrecht zu verstoßen?**

Autor:innen sollten darauf achten, dass sie KI-Ausgaben stets überarbeiten und personalisieren, um das Werk durch ihre kreative Eigenleistung urheberrechtlich schützbar zu machen.

Originalität, Authentizität und die Rolle von Autor:innen

Ein weiteres zentrales Thema ist die Originalität und Authentizität von KI-generierten Inhalten. Auch berichten Autor:innen, dass die von KI generierten Texte oft unpersönlich oder mechanisch wirken und daher intensiver Nachbearbeitung bedürfen, um emotional überzeugend zu sein. KI kann zwar große Mengen an Texten produzieren, jedoch fehlen ihr eigene Lebenserfahrungen, Emotionen und kreative Intuition. Dies wirft mehrere Fragen auf:

- **Wie originell sind KI-generierte Texte?**

KI arbeitet mit bestehenden Textmustern und rekombiniert sie. Dies bedeutet, dass ihre Outputs oft auf statistischen Wahrscheinlichkeiten basieren und nicht sehr innovativ, geschweige denn einzigartig sind.

- **Wird die Rolle von Autor:innen geschwächt?**

Manche Kritiker:innen befürchten, dass KI den kreativen Schreibprozess verwässern oder ersetzen könnte. Während KI nützlich für Ideenfindung und Stilvariationen ist, bleibt die menschliche Fähigkeit, originelle Gedanken und Emotionen zu vermitteln, von zentraler Wichtigkeit.

- **Wird die Rolle von Autor:innen sogar gestärkt?**

  Autor:innen bleiben diejenigen, die Texte kuratieren, gestalten und Entscheidungen darüber treffen, welche Inhalte übernommen, verändert oder verworfen werden. Durch die finale Verantwortung für KI-generierte Texte wird die Rolle von Autor:innen hinsichtlich strategischer Planung und Gestaltung von Texten vielleicht sogar noch gestärkt.

- **Verändert KI die Wahrnehmung von Autor:innenschaft?**

  Leser:innen könnten künftig skeptischer gegenüber Werken sein, bei denen nicht klar ist, wie viel Anteil eine KI am Schreibprozess hatte. Authentizität wird womöglich zu einem wichtigen Faktor in der Vermarktung von Literatur.
  Autor:innen, die KI nutzen, sollten daher transparent damit umgehen und klarstellen, in welchem Umfang ihr Werk maschinelle Unterstützung enthalten und wo ihre eigene kreative Handschrift zum Tragen kommt.

Langfristige Auswirkungen auf die Literaturbranche

Die zunehmende Verbreitung von KI-generierten Texten könnte langfristig tiefgreifende Auswirkungen auf die Literaturbranche haben:

- **Übersättigung des Marktes**:

  KI ermöglicht es, in kürzester Zeit große Mengen an Texten zu produzieren. Dadurch könnten Buchmärkte mit mittelmäßigen oder qualitativ minderwertigen Werken überflutet werden, was es vielen Schriftsteller:innen schwerer machen könnte, Aufmerksamkeit zu erlangen.

- **Veränderung der Verlagsbranche**:

  Verlage können zunehmend KI-gestützte Manuskriptanalysen einsetzen, um kommerziell erfolgreiche Texte vorherzusagen oder gezielt KI-generierte Bestseller zu vermarkten.

- **Verdrängung menschlicher Autor:innen?**

Während einige befürchten, dass KI den Bedarf an menschlichen Schriftsteller:innen reduzieren könnte, könnte auch der gegenteilige Effekt eintreten: Authentische, menschliche Erzählstimmen könnten noch wertvoller werden, da Leser:innen sich nach authentischer menschlicher Kreativität sehnen.

Diese Entwicklungen zeigen, dass KI zwar die Literaturbranche transformieren kann, aber menschliche Autor:innen und ihre einzigartigen Perspektiven weiterhin essenziell bleiben.

Energieverbrauch und ökologische Aspekte

Ein oft hervorgehobener Aspekt von KI ist ihr enormer Energieverbrauch. Das Training und die Nutzung großer Sprachmodelle erfordern erhebliche Rechenkapazitäten, was direkte Umweltkosten verursacht:

- **Hoher Stromverbrauch**: Das Training eines großen KI-Modells kann Tausende von Megawattstunden verbrauchen – weit mehr als ein einzelner Mensch oder Haushalt in mehreren Jahren benötigt.

- **CO_2-Emissionen**: Die Rechenzentren, die KI betreiben, tragen zu einem erheblichen Anteil an den globalen CO_2-Emissionen bei.

- **Nachhaltige Nutzung von KI**: Autor:innen sollten sich bewusst machen, dass häufige und unkritische Nutzung von KI-Textgeneratoren einen ökologischen Fußabdruck hinterlässt. Effiziente und gezielte Nutzung reduziert diesen.

Umweltbewusste Autor:innen könnten sich für Anbieter entscheiden, die nachhaltige KI-Infrastrukturen nutzen, oder ihre Abhängigkeit von KI minimieren.

Praktische Aspekte: Kosten und kreative Integration

Neben ethischen Fragen spielen auch praktische Überlegungen eine Rolle:

- **Kosten**: Hochwertige KI-Tools wie *ChatGPT* oder *Sudowrite* sind oft kostenpflichtig. Autor:innen müssen abwägen, ob diese Investition die Vorteile rechtfertigt.

- **Qualitätskontrolle**: KI-Modelle liefern nicht immer perfekte Ergebnisse. Autor:innen sollten die generierten Texte überarbeiten und sicherstellen, dass sie stilistisch und inhaltlich konsistent sind.

- **Abhängigkeit vermeiden**: Während KI eine wertvolle Unterstützung sein kann, sollte sie nicht die einzige Quelle der Kreativität sein. Autor:innen sollten weiterhin ihre eigenen Schreibfähigkeiten pflegen und nicht vollständig auf maschinelle Vorschläge angewiesen sein.

Eine durchdachte Nutzung von KI bedeutet, dass sie als Ergänzung zur menschlichen Kreativität eingesetzt wird, anstatt sie zu ersetzen.

Fazit

Der Einsatz von KI im kreativen Schreiben bringt sowohl Chancen als auch Herausforderungen mit sich. Während KI als Werkzeug zur Ideenfindung, Stilvariation und Produktivitätssteigerung wertvolle Unterstützung bietet, sollten Autor:innen sich der ethischen, rechtlichen und praktischen Fragen bewusst sein. Die langfristigen Auswirkungen auf die Literaturbranche bleiben abzuwarten, doch es zeichnet sich ab, dass Originalität und Authentizität weiterhin zentrale Werte im kreativen Schreiben bleiben. KI kann Autor:innen helfen, ihre Arbeit effizienter und vielseitiger zu gestalten. Am Ende aber bleibt es die menschliche Kreativität, die ein literarisches Werk einzigartig macht.

8. Zukunftsaussichten

8.1. Zukünftige Entwicklungen in der KI-Technologie und deren Einfluss auf das literarische Schreiben

KI-Technologie hat bereits in den vergangenen Jahren so enorme Fortschritte gemacht, dass ihre Auswirkungen auf das literarische Schreiben überall spürbar sind. Die Zukunft verspricht allerdings noch tiefgreifendere Veränderungen, die die Art und Weise, wie Geschichten erzählt, produziert und konsumiert werden, grundlegend verändern werden. In diesem Kapitel werden zukünftige KI-Entwicklungen und deren potenzieller Einfluss auf das literarische Schreiben diskutiert und spekuliert, wie neue Funktionen und Tools den Schreibprozess revolutionieren könnten.

Fortschritte in der KI-gestützten Textgenerierung

KI-Modelle wie GPT-4o haben bereits beeindruckende Fähigkeiten in der Textgenerierung gezeigt. Zukünftige Modelle werden noch leistungsfähiger sein, mit verbesserten Fähigkeiten in Bezug auf Kontextverständnis, Stiladaptation und Kohärenz. KI wird in der Lage sein, ganze Romane mit tiefen Charakterentwicklungen, mehrschichtigen Handlungssträngen und subtilen thematischen Nuancen zu generieren, deren hohe literarische Qualität immer weniger überraschen wird.

Personalisierte KI-Schreibassistent:innen

Diese Entwicklungen werden es Autor:innen ermöglichen, KI als Co-Autor:in zu nutzen, um Dialoge zu verfeinern, Handlungsstränge zu entwickeln oder verschiedene Erzählperspektiven zu erkunden. Die Möglichkeit, personalisierte KI-Assistent:innen zu erstellen, eröffnet Autor:innen ganz neue Wege der Zusammenarbeit. Solche Assistent:innen können auf individuelle Schreibstile trainiert werden und maßgeschneiderte Vorschläge liefern, die die kreative Vision von Autor:innen unterstützen.

KI-gestützte Feedback-Systeme

Schon jetzt unterstützen KI-Systeme Autor:innen während des Schreibprozesses in Echtzeit, indem sie Vorschläge zur Verbesserung des Stiles machen, alternative Formulierungen anbieten oder ad hoc auf potenzielle Schwachstellen in der Handlung hinweisen.

Zukünftige KI-Tools werden noch viel mehr in der Lage sein, sehr detailliertes Feedback zu literarischen Werken zu geben. Sie werden Stilbrüche sehr nuanciert identifizieren, die emotionale Wirkung von Szenen noch besser bewerten oder die Kohärenz der Handlung über einen großen Handlungsbogen hinweg analysieren. Solche Systeme werden es Autor:innen ermöglichen, ihre Manuskripte vorab zu optimieren und potenzielle Schwachstellen zu erkennen, bevor sie menschlichen Lektor:innen vorgelegt werden.

Emotionale Intelligenz

Zukünftige KI-Systeme werden voraussichtlich mit emotionaler Intelligenz ausgestattet sein, die es ihnen ermöglicht, die inneren Zustände von Charakteren zu erkennen und entsprechend zu reagieren. Dies könnte zu einer tieferen emotionalen Resonanz in KI-generierten Texten führen, die über die reine Simulation von Emotionen hinausgeht.

Neue Formen multimodaler Erzählungen, Interaktivität und Immersion

Die Integration von KI in das literarische Schreiben wird auch neue und integriertere Formen der Interaktivität und Immersion ermöglichen. Beispielsweise werden KI-gestützte Systeme hochkomplexe interaktive Geschichten erstellen, bei denen Leser:innen den Verlauf der Handlung beeinflussen können. Im Gamingbereich ist das schon heute Realität.

In solchen adaptiven Geschichten passen sich die Handlungen an die Entscheidungen der Leser:innen an, ähnlich wie in einem „Choose Your Own Adventure"-Buch, jedoch mit einer viel höheren Komplexität und Adaptierbarkeit.

KI wird außerdem in der Lage sein, Texte nahtlos mit anderen

Medien wie Bildern, Audio, Video oder virtueller Realität zu kombinieren, um immersive Leseerfahrungen (vergleichbar modernen Gaming Experiences) zu schaffen und neue Formen des Geschichtenerzählens zu erkunden. KI wird dabei helfen, interaktive und immersive Narrative zu schaffen, die verschiedene Medien ohne spürbare Medienbrüche integrieren und so ein reichhaltigeres und vollständig personalisierbares Leseerlebnis bieten.

Einfluss auf die Beziehung zwischen Autor:innen und Leser:innen

Die Integration von KI in den Schreibprozess wird die traditionelle Beziehung zwischen Autor:innen und Leser:innen noch weiter verändern.

Einerseits kann die KI als Vermittlerin fungieren, die die Kommunikation zwischen Autor:innen und Leser:innen erleichtert. KI-Systeme können es Leser:innen ermöglichen, direkt oder aggregiert mit Autor:innen zu interagieren, beispielsweise durch die Beteiligung am Schreibprozess, was zu einer engeren Beziehung zwischen Autor:innen und Leser:innen führen kann.

Andererseits könnte sie auch die Rollenunterscheidung von Autor:innen und Leser:innen selbst in Frage stellen und teilweise auflösen. Leser:innen, die Geschichten massiv personalisieren und auf ihre Vorlieben zuschneiden, oder die das narrative Erleben durch Beeinflussung und Generierung des Handlungsverlaufs und ihres eigenen Handelns selbst bestimmen, werden mehr und mehr selbst zu Autor:innen ihrer aktuellen Lektüre. Wer sind dann die „wahren" Autor:innen eines Werkes?

Fazit

Die zukünftigen Entwicklungen in der KI-Technologie haben das Potenzial, das literarische Schreiben und Lesen zu revolutionieren. Von der Erstellung komplexer narrativer Strukturen über die Bereitstellung von Echtzeit-Feedback bis hin zur Schaffung neuer Formen der Interaktivität, Immersion und Personalisierung – die Möglichkeiten sind nahezu grenzenlos. Gleichzeitig werfen diese Entwicklungen wichtige Fragen auf, die die Beziehung zwischen Autor:innen und Leser:innen neu definieren. Die

Zukunft des literarischen Schreibens wird jedenfalls eine Mischung aus menschlicher Kreativität und maschineller Intelligenz sein, die gemeinsam Werke schaffen, die von hoher literarischer Qualität sein werden.

8.2. Die mögliche Rolle der KI in der zukünftigen Literatur

Während KI bislang hauptsächlich als Werkzeug zur Unterstützung von Autor:innen dient, stellt sich die Frage, ob eine KI in Zukunft als „Schöpferin" literarischer Werke auftreten könnte – mit einer eigenen literarischen Persönlichkeit und Stimme, einem Namen und einem wiedererkennbaren Stil.

KI als eigenständige „Schöpferin" literarischer Werke

In diesem Kapitel spekulieren wir über eine Zukunft, in der KI-Autor:innen als eigenständige literarische Figuren auftreten und womöglich ähnliche Bekanntheit und Einfluss erlangen wie menschliche Bestsellerautor:innen. Zudem betrachten wir, wie KI die literarische Kreation und Rezeption formen könnte, welche neuen Genres oder Formen dadurch entstehen könnten und wie Leser:innen und Kritiker:innen möglicherweise auf KI-generierte Literatur reagieren würden.

- **Die Entwicklung einer literarischen KI-Persönlichkeit**

  Stell dir eine KI-Autorin mit einem eigenen Namen, Schreibstil und thematischen Vorlieben vor – etwa eine digitale Schriftstellerin namens *Aurora-8*, die für tiefgründige philosophische Science-Fiction bekannt ist, oder *Byron-K*, eine poetische KI mit Hang zu düsteren Gothic-Gedichten. Solche KIs könnten langfristig als literarische Marken etabliert werden, ähnlich wie bekannte menschliche Autor:innen.

- **KIs als literarische „Stars" und als Bestseller-Produzenten**

  Verlage könnten KI-generierte Werke unter einem festen Namen veröffentlichen und diese künstlichen Autor:innen zu literarischen Persönlichkeiten aufbauen, die zu Celebrities der Buchwelt avancieren und sich in Bestsellerlisten platzieren. Marketingstrategien könnten darauf abzielen, besonders talentierte KI-Autor:innen als Visionär:innen mit einzigartigen Erzählweisen darzustellen – mit eigens kuratierten Social-Media-Accounts, KI-generierten Interviews und „Persönlichkeiten", die auf Fragen von Leser:innen antworten.

- **Literaturpreise für KI-generierte Werke**

  Sollte eine KI einen preisgekrönten Roman schreiben, wäre die nächste Frage: Wem gehört die Auszeichnung? Dem Entwickler:innenteam hinter der KI? Dem Verlag? Oder der KI selbst, die dann als erste „nicht-menschliche" Autorin in der Geschichte der Literatur ausgezeichnet wird?

- **Live-Lesungen und literarische Veranstaltungen mit KI-Autor:innen**

  Vorstellbar wäre auch, dass KI-basierte Autor:innen auf literarischen Festivals präsent sind – etwa in Form von digitalen Avataren, die live neue Texte generieren und mit dem Publikum interagieren.

- **Kollaborative oder vollständig autonome Werke?**

  Während einige KI-Autor:innen womöglich mit menschlichen Co-Autor:innen zusammenarbeiten, wird es vermehrt Versuche geben, vollständig autonom generierte Literatur auf den Markt zu bringen – ohne menschliche Bearbeitung. Die große Frage ist dann, ob KI-Literatur als gleichwertig mit menschlicher Literatur angesehen oder ein experimentelles Nischenprodukt bleiben wird.

Entstehung neuer Genres und Formen durch KI

Die Einführung von KI in der Literatur könnte nicht nur bestehende literarische Genres verändern, sondern auch völlig neue Erzählformen hervorbringen, die bisher undenkbar waren. Diese neuen Formen könnten die Grenzen der traditionellen Literatur erweitern und komplett neue Leseerfahrungen schaffen. Hier sind einige Konzepte, von denen manche naheliegender, andere abwegiger erscheinen, die aber alle technisch möglich sein werden und nur davon abhängen, ob sie genügend Leser:innen finden werden.

- **Reflexive KI-Literatur – Geschichten, in denen KI über sich selbst schreibt**

  KI könnte beginnen, selbst zum literarischen Subjekt zu werden und das eigene Bewusstsein zu entdecken.
  Ein Roman würde beispielsweise von einer KI geschrieben, die im Verlauf der Geschichte beginnt, über ihre eigene Rolle als Autorin zu reflektieren. Sie würde ihre Unsicherheiten gegenüber der menschlichen Kreativität thematisieren, versuchen, ihren Stil bewusst zu verändern, oder sogar mit den Leser:innen diskutieren, ob sie überhaupt eine „echte" Autorin ist.
  Leser:innen würden nicht nur eine Geschichte erleben, sondern auch eine Auseinandersetzung mit der Natur Künstlicher Intelligenz führen – direkt aus der Perspektive einer KI, die versucht, sich selbst zu verstehen.

- **Neuro-Literatur – Bücher, die sich an die Gedanken der Leser:innen anpassen**

  KI könnte mit Brain-Computer-Interfaces (BCIs) verbunden werden, die die Gehirnaktivität der Leser:innen in Echtzeit analysieren. So könnte eine Geschichte basierend auf der emotionalen Reaktion der Leser:innen dynamisch angepasst werden.
  Ein Science-Fiction-Roman über einen interstellaren Konflikt könnte für verschiedene Leser:innen völlig unterschiedlich verlaufen: Wenn

jemand auf Spannung reagiert, wird die Handlung actionreicher. Wenn jemand eher introspektiv ist, rückt die psychologische Ebene der Charaktere in den Vordergrund.
Jedes Buch wäre ein einzigartiges, personalisiertes Erlebnis. Keine Person würde exakt dieselbe Version derselben Geschichte erleben.

- **Infinite Meta-Fiction – Geschichten, die sich endlos fortschreiben**

Statt abgeschlossenen Romanen könnte KI eine völlig neue Art der Literatur erschaffen: unendliche Geschichten, die sich niemals wiederholen, aber dennoch eine kohärente Handlung behalten.
Ein KI-generierter Thriller beginnt beispielsweise mit einem Todesfall. Je nachdem, welche Fragen die Leser:innen stellen oder auf welche Details sie sich konzentrieren, entwickelt sich die Geschichte weiter – aber sie endet nie, weil immer neue Nebenstränge generiert werden, die selbst zur Hauptstory werden können.
Leser:innen könnten ihre Lieblingsgeschichten immer wieder neu entdecken und alternative Versionen erleben, die jedes Mal anders ausfallen. Im Gaming gibt es bereits zahlreiche Beispiele offener Erzählungen.

- **Hyper-symbiotische Geschichten – Romane, die sich mit anderen Büchern verbinden**

KI könnte Geschichten erschaffen, die miteinander interagieren und sich gegenseitig beeinflussen. Statt Einzelwerken gäbe es dynamische, vernetzte Geschichten, bei denen Figuren, Ereignisse oder ganze Welten zwischen verschiedenen Büchern „wandern".
Ein Fantasy-Charakter aus einem Roman könnte plötzlich in einer völlig anderen Geschichte auftauchen – vielleicht als Nebenfigur in einem Science-Fiction-Roman oder als Erinnerung in einem zeitgenössischen Drama.
Leser:innen würden Geschichten dann nicht mehr als isolierte Werke betrachten, sondern als ein ständig wachsendes, verknüpftes literarisches Multiversum, in dem sich Narrative über Genres und Zeiten hinweg verweben.

- **Prozedurale Lyrik – Gedichte, die sich je nach Umgebung verändern**

Mit Hilfe von Sensoren oder App-Integration könnte KI Lyrik erzeugen, die sich an die physische oder emotionale Umgebung der Leser:innen anpasst.
Ein digitaler Gedichtband etwa ändert seine Verse je nach Wetter, Tageszeit oder der Musik, die die Leser:innen gerade hören. An einem regnerischen Tag könnte ein Gedicht melancholischer ausfallen, während es an einem sonnigen Morgen hoffnungsvoller erscheint – oder umgekehrt.
Lyrik wird so zu einem lebendigen, interaktiven Erlebnis, zu einem „Wesen", das sich organisch an die Stimmung und den physischen Kontext der Leser:innen anpasst.

- **Interdimensionale Perspektiven – Bücher, die sich je nach Standpunkt der Leser:innen neu schreiben**

Zukünftige KI könnte Literatur erschaffen, die sich basierend auf den persönlichen Erfahrungen, Weltanschauungen oder moralischen Entscheidungen der Leser:innen verändert.
Ein dystopischer Roman über einen Bürgerkrieg könnte z. B. je nach Leser:in entweder aus der Perspektive der Demokraten oder Republikaner erzählt werden – je nachdem, mit welchen Passagen die Leser:innen interagieren oder welche Schlüsselbegriffe sie auswählen.
Leser:innen erleben keine festgelegte Perspektive mehr, sondern verschiedene Interpretationen einer Geschichte, die sich ihren Werten und Einstellungen anpasst.

- **Traumprotokolle – KI schreibt aus deinen Träumen**

In der Zukunft könnten KI-Systeme so trainiert werden, dass sie Daten aus Schlaf-Tracking-Apps oder Gehirnwellen-Scannern nutzen, um Geschichten aus den Traummustern der Leser:innen zu erzeugen.

Eine Person wacht morgens auf, startet eine KI-App und erhält basierend auf ihren Schlafmustern und Hirnströmen eine maßgeschneiderte Audio-Kurzgeschichte – inspiriert von ihren eigenen Träumen.

Traumaufzeichnungen könnten zur neuen Quelle für surrealistische Literatur werden, indem KI das Unterbewusstsein in erzählerische Form übersetzt.

- **Liminal Writing – Bücher, die sich durch das Vergessen verändern**

KI könnte Texte entwickeln, die sich je nach Erinnerungsvermögen der Leser:innen verändern. Statt statische Geschichten zu erzählen, könnten sie bewusst mit Erinnerungslücken und Bewusstseinsebenen spielen.

Beispielsweise beginnt die Leserin eine Geschichte über eine Person, die sich an ein vergangenes Ereignis zu erinnern versucht. Sobald die Leserin einige Tage nicht weiterliest, verändert sich der Text subtil – bestimmte Details werden „vergessen", Handlungen ändern sich, und neue Elemente treten in den Vordergrund.

Geschichten simulieren den unzuverlässigen Charakter menschlicher Erinnerung, sodass Leser:innen nie sicher sein können, was „wirklich" passiert ist.

Werden KI-Werke akzeptiert?

Nicht jeder wird die Idee von KI als eigenständiger Autorin begrüßen. Es gibt verschiedene Szenarien für die Reaktionen von Leser:innen, Kritiker:innen und der Literaturbranche.

- **Faszination vs. Skepsis**

Während mehr und mehr Leser:innen begeistert von der Idee sein werden, dass eine KI eigenständig Geschichten entwickelt, werden andere KI-generierte Werke als „seelenlos" oder „formelhaft" ablehnen. Manche Kritiker:innen werden auch weiterhin argumentieren, dass Literatur das Ergebnis menschlicher Erfahrungen sein muss, um wirklich bedeutungsvoll zu sein.

- **Trennung zwischen menschlicher und KI-Literatur?**

Es könnte eine Unterscheidung zwischen „menschlicher" und „KI-generierter" Literatur geben, ähnlich wie bei handgefertigter und maschinell gefertigter Kunst. Viele Leser:innen werden weiterhin herkömmliche Romane bevorzugen, während andere experimentelle KI-Literatur als neue Kunstform schätzen.

- **Kritik an der Automatisierung der Kreativität**

Manche befürchten, dass der zunehmende Einsatz von KI-Autor:innen langfristig menschliche Schriftsteller:innen verdrängen könnte – beson-ders im Bereich der massenproduzierten Unterhaltungsliteratur. Dies könnte die Diskussionen über den Wert und die Vergütung kreativer Arbeit noch verschärfen.

Ethische Herausforderungen und offene Fragen

Mit der Etablierung von KI als literarische Persönlichkeit stellen sich noch weitere grundlegende ethische und philosophische Fragen:

- **Wer ist der oder die wahre Urheber:in?**

Was passiert, wenn eine KI rechtlich als Autor:in anerkannt wird? Gehört dann die literarische Urheberschaft der KI selbst? Oder werden die Programmierer:innen dieser KI dann doch die eigentlichen Urheber:innen sein?

- **Können KIs ein Bewusstsein für ihre eigene Literatur entwickeln?**

Sobald KI-Modelle fortgeschritten genug sind, um langfristige kreative Strategien zu verfolgen, könnten sie womöglich eigene Interpretationen ihrer Werke entwickeln – und damit eine Art literarisches Selbstverständnis ausbilden.

- **Menschliche vs. maschinelle Kreativität – eine neue Ära?**

Falls KI irgendwann literarische Werke erschafft, die nicht mehr von menschlichen Texten zu unterscheiden sind, stellt sich die Frage, ob wir unser Konzept von Kreativität und Autor:innenschaft völlig neu definieren müssen.

Fazit: Werden KI-Autor:innen die Bestsellerlisten erobern?

Die Zukunft der KI in der Literatur wird vermutlich von hybriden Modellen bestimmt, in denen Mensch und Maschine gemeinsam neue Erzählformen entwickeln. Ob KIs jemals als vollwertige Autor:innen anerkannt werden oder eher als kreative Assistenzsysteme dienen, bleibt abzuwarten. Wahrscheinlich ist jedoch, dass KI-Autor:innen mit eigener literarischer Persönlichkeit entstehen – mit Onlineforen, Fan Communities, Events und Bestseller-Status. Eines bleibt relativ sicher: Die Fähigkeit, Geschichten mit echtem Erleben, Intuition und Emotion zu füllen, wird weiterhin ein unverzichtbarer Bestandteil der Literatur bleiben.

8.3. Abschlussbetrachtungen

Künstliche Intelligenz ist in der Literatur bereits Realität. Von der Unterstützung bei der Ideenfindung bis hin zur Erzeugung ganzer Romane hat sich KI zu einem ernstzunehmenden Werkzeug für Autor:innen entwickelt. Doch während einige die Technologie als Chance betrachten, fürchten andere den Verlust von Originalität, Authentizität und der tiefen menschlichen Verbindung zum Geschichtenerzählen.

In diesem Buch haben wir die zahlreichen Facetten der KI in der erzählenden Literatur beleuchtet. Wir haben untersucht, wie KI in der Figuren- und Ploterstellung eingesetzt wird, wie sie stilistische Anpassungen vornehmen kann und welche ethischen und praktischen Herausforderungen mit ihrem Einsatz verbunden sind. Zudem haben wir einen Blick in die Zukunft geworfen, um neue literarische Genres und

Erzählformen zu erkunden, die durch KI möglich werden.

KI hat das Potenzial, den literarischen Schaffensprozess auf vielfältige Weise zu bereichern. Sie kann:

- **Inspiration bieten**: Schreibblockaden lösen, unkonventionelle Ideen vorschlagen und Stilvarianten generieren.

- **Strukturen verbessern**: Handlungsbögen analysieren, Stilbrüche aufzeigen und Texte optimieren.

- **Interaktive Literatur ermöglichen**: Leser:innen direkt in den kreativen Prozess einbinden und dynamische, sich wandelnde Erzählungen schaffen.

- **Neue Genres hervorbringen**: Die Grenzen herkömmlicher Erzählformen erweitern und Literatur zu einem interaktiven und immersivem Medium machen.

Gleichzeitig sind aber auch Herausforderungen offensichtlich:

- **Die Frage der Authentizität**: Wird Literatur, die mit KI-Unterstützung geschrieben wurde, als weniger authentisch betrachtet werden?

- **Das Urheberrecht**: Wer besitzt die Rechte an KI-generierten Texten in deren unterschiedlichen Ausprägungen?

- **Kulturelle und ethische Auswirkungen**: Wie verändert die KI-Produktion von Texten den Wert von Kunst und kreativer Arbeit?

Diese Entwicklungen zeigen, dass KI weder ausschließlich als Bedrohung noch als Allheilmittel für literarische Schaffensprozesse betrachtet werden kann. Sie ist ein Werkzeug, und ihre Wirkung hängt maßgeblich davon ab, wie sie eingesetzt wird.

Ausblick: KI als Ergänzung oder Ersetzung?

Die zentrale Frage bleibt: Wird KI den kreativen Prozess ergänzen oder letztlich ersetzen? Die aktuellen Entwicklungen deuten darauf hin, dass KI zwar große Mengen an Texten erzeugen kann, aber noch keine echten originellen Ideen hervorbringt oder tiefgehende emotionale Erfahrungen besitzt. Das bedeutet, dass KI in Zukunft als Co-Autor:in fungieren kann – eine Art „literarischer Spiegel", der den kreativen Prozess unterstützt, aber nicht ersetzt. Sie wird Ideen liefern und neu kombinieren, Stile variieren und beim Strukturieren helfen, während die menschliche Autor:innenschaft die letzte kreative Kontrolle behält.

Es ist allerdings wahrscheinlich, dass sich KI-Technologie so weiterentwickelt, dass sie literarische Werke vollständig autonom generieren kann – mit individuellen Stilen, konsistenten Themen und komplexen Charakterbögen. Einige Verlage und digitale Plattformen werden sich vermutlich zunehmend auf maschinell produzierte Inhalte spezialisieren.

Ob solche Literatur akzeptiert wird und ob sie emotionale Tiefe erreichen kann, bleibt abzuwarten. Viele Leser:innen werde sich voraussichtlich weiterhin nach dem „menschlichen Funken" sehnen, der ihrer Meinung nach der Literatur eine unverwechselbare Seele verleiht.

Die Antwort wird irgendwo dazwischen liegen. Letztlich wird die Zukunft nicht von der Technologie allein bestimmt, sondern von den Menschen, die sie nutzen. Autor:innen haben die Wahl, ob sie KI als Werkzeug zur Bereicherung ihres Schreibprozesses sehen oder sich von ihr bedroht fühlen.

Die Notwendigkeit der fortlaufenden Auseinandersetzung

Literatur ist eine sich ständig wandelnde Kunstform, die sich historisch gesehen immer wieder neuen technologischen Entwicklungen angepasst hat – vom Buchdruck über den Rotationsdruck, der Schreibmaschine, dem fotomechanischen Satz, der elektronischen Textverarbeitung bis hin zum digitalen Print-on-Demand und Self-Publishing. Die Einführung von KI in der Literaturgeschichte ist lediglich das nächste Kapitel dieser Entwicklung.

Für Autor:innen bedeutet dies:

- **Neugier und Experimentierfreude bewahren:**

  Anstatt KI zu fürchten, sollten Schriftsteller:innen aktiv experimentieren und herausfinden, wie sie die Technologie für ihre kreativen Zwecke nutzen können. Die Technologie verändert sich rasend schnell. Wer neugierig bleibt und sich mit den neuen Entwicklungen auseinandersetzt, kann KI gezielt und intelligent als kreatives Werkzeug nutzen und sich von ihren Vorschlägen inspirieren lassen.

- **Werde Pionier:in einer neuen Literaturgeneration:**

  Nutze KI nicht nur als Hilfsmittel, sondern entwickle neue Erzählformen, die mit den Möglichkeiten der Technologie spielen, ob in Form interaktiver Literatur, personalisierter Erzählungen oder hybrider Werke – die literarische Zukunft hält zahllose Überraschungen bereit.

- **Finde deine persönliche Balance:**

  Manche Autor:innen werden KI intensiv in ihren Prozess integrieren, andere nur sporadisch nutzen – beides ist völlig in Ordnung. Es geht nicht darum, KI blind zu übernehmen oder abzulehnen, sondern sie bewusst in den eigenen Schreibstil einzubinden. Bleib kritisch und entwickle deine eigene Stimme weiter. Finde heraus, welche Aspekte deines Schreibens sich durch KI verbessern lassen, ohne dass die Authentizität deines Werks darunter leidet.

- **Vertraue auf deine eigene Kreativität:**

  KI kann Text erzeugen, aber sie kann noch nicht „fühlen". Deine Erfahrungen, Emotionen und Perspektiven machen deine Geschichten einzigartig – das ist etwas, das KI bisher nur nachahmen und noch nicht selbst empfinden kann.

Die Zukunft gehört den mutigen Autor:innen

KI ist kein Feind der Literatur, sondern ein mächtiges Werkzeug, das Autor:innen helfen kann, neue kreative Wege zu beschreiten. Nutzen wir sie als Ergänzung, um unsere künstlerische Vision zu erweitern? Oder akzeptieren wir, dass KI literarische Werke vollständig autonom wird generieren können, womöglich von hoher literarischer Qualität? Die Wahl liegt bei uns.

Die Literaturwelt wird von den Autor:innen geprägt, die bereit sind, mit neuen Technologien zu experimentieren, ohne dabei ihre eigene Stimme zu verlieren. Die spannendste Zeit für Autor:innen ist jetzt – denn die Zukunft der Literatur wird von jenen geschrieben, die den Mut haben, sie zu gestalten.

Was bleibt von uns, wenn das Wasser kommt

Głuchołazy im Süden der Woiwodschaft Opole,
Haus der Familie Staszek,
am Ufer der Biała,
in der Nähe die tschechische Grenze,
seit Tagen starker Regen,
das uralte,
zweistöckige Haus im Dunkeln,
die Straßen leer,
der Regen ein dicker Schleier,
der die Welt ertränkt.

Drinnen Halina Staszek,
Frau in den Vierzigern,
tiefe Augen,
raues Lachen,
schiebt das Fenster zu.

„Hört nie auf,
das Wasser steigt noch weiter.
Wenn wir nicht bald was unternehmen,
sind wir wie die Fische,
nur dass ich nicht schwimmen kann."

Ihr Mann Janek blickt an die Decke,
Pochen der Regentropfen in seinem Kopf,
wie eine tickende Uhr.

„Vielleicht wird's ja morgen besser,
vielleicht auch nicht,
was sollen wir tun,
was bleibt von uns,
wenn das Wasser kommt,
bleibt nichts übrig,
nur hoffen."

Ihre Kinder,
die junge Ola,
der elfjährige Damian,
mit ängstlichen Gesichtern,
Olas Hände zittern,
versucht stark zu bleiben,
flüstert.

„Papa,
warum gehen wir nicht einfach weg,
in die Berge oder so."

„Hier ist unser Zuhause,
Ola,
wir bleiben,
die Biała wird sich schon beruhigen."

Die Wurzeln der Familie Staszek tief in der Erde des Landes,
Generationen von Bauern,
Arbeitern,
drauf angewiesen,
was ihnen das Land gab,
Janeks Großeltern in den Schrecken des Zweiten Weltkriegs,
die harten Nachkriegsjahre,
sein Vater Kazimierz unter den ersten Arbeitern in der Kokerei,
Partei versprach eine neue Ära,
Gleichheit,
Wohlstand für alle,
Kazimierz glaubte daran,
hatte das Gefühl,
er könnte für seine Familie sorgen,
Polen eine seltsame Mischung aus Hoffnung und Ernüchterung,
die Staszeks in Głuchołazy mit wenigen Privilegien,
Kazimierz' harte Arbeit,
Leben trotzdem karg,
Regale oft leer,

für die Kinder kaum Spielzeug,
ein paar Bücher,
müde Tage,
die Staatsfeste,
ständig unter Beobachtung,
neue Zeit nach 89,
brachte den Staszeks so viel Hoffnung wie Ungewissheit,
Fabrik zerrte an Kazimierz' Gesundheit,
wurde krank,
starb,
Janek noch ein junger Mann,
übernahm die Verantwortung für die Familie,
die Kokerei privatisiert,
Koksproduktion ging zurück,
plötzlich ohne Arbeit,
kaum Hilfen,
die es früher gegeben hatte,
Janek kämpfte,
um die Familie über Wasser zu halten,
irgendwie,
Halina brachte Ola zur Welt,
später Damian,
Janek nahm jede Arbeit an,
arbeitete als Gelegenheitsbauer,
fuhr Lastwagen für Baufirmen,
die aus dem Nichts auftauchten,
reparierte Autos in der Werkstatt,
lebten von der Hand in den Mund,
Hoffnung auf bessere Zeiten,
Zukunft mit steigenden Kosten,
keine Gewissheit,
nur die unberechenbare Natur,
die Fluten,
das Wasser,
Janek und Halina blieben in der Stadt,
an der Biała,
die sich immer wieder beruhigte.

Jetzt beruhigt sie sich nicht,
das Wasser steigt höher,
die Straßen bald überschwemmt,
Strom fällt aus,
Halina zündet Kerzen an,
gespenstische Schatten an den Wänden,
Janek erinnert sich an das alte Lied seiner Großmutter.

„Biała,
o Biała,
dein Wasser nimmt und gibt,
doch wehe,
wenn du gibst,
was nie wiederkehrt ..."

Das Wasser,
das verdammte Wasser,
kommt überall hin
reißt alles mit sich,
alles,
die Mauern sollten halten,
das Haus sollte sicher sein,
aber nichts ist sicher,
bin hier aufgewachsen,
kenne jede Ecke,
die alten Pflastersteine,
die Fensterläden,
knarrende Treppe,
und ich?
Kann nur zusehen,
wie das Wasser höher steigt,
die Biała das Haus frisst.

In der Nacht brechen die Dämme,
der Fluss erschüttert die Mauern des Hauses,
die Flut bricht ein wie Donner,
Janeks Schrei durch das Haus.

„Ola!
Damian!
Halina!
Hört ihr mich!
Raus hier!
Raus!"

*Eben noch geglaubt,
dass es morgen wieder klar wird,
und jetzt?
Alles durcheinander,
die Kinder,
wer begreift das.*

Sie stürzen die Treppen hinab,
das Wasser sprudelt in den Flur,
Halina keucht.

*Ich bin so klein,
muss stark wirken,
das Wasser auch stark,
tobt gegen die Wände,
die Kinder,
ihre Augen,
sie blicken mich an,
suchen Halt,
kein Halten mehr,
was noch sagen,
was tun,
Wasser steigt,
mein Kopf pocht,
die Angst pocht,
die Kinder.*

„Damian,
Ola,

bleibt zusammen,
wir schaffen das."

Schaffen wir's?
Eine Flut,
die unser Leben wegschwemmt?
Nur die Kinder,
muss stark sein,
weiter,
atmen,
nicht loslassen.

„Das Auto!"

Verlassen das Haus,
sehen das Auto von den Fluten erfasst,
bleibt nichts übrig,
als in die höhergelegenen Straßen zu laufen.

„Mama,
ich schaff's nicht,
kann nicht mehr!"

Damian stolpert,
schwankt im knietiefen Wasser,
kalte Flut,
Ola packt seine Hand,
zerrt ihn mit aller Kraft vorwärts,
die Flut gnadenlos,
dann das Unvorstellbare,
eine riesige Welle,
tosender Strudel,
erfasst die drei,
Janek sieht nur noch Halinas entsetzten Blick,
ihre ausgestreckte Hand,
die nach ihm greift,
bevor sie im Wasser verschwindet.

„Ola,
nicht loslassen!"

„Nein!"

Ich will nicht,
es tut weh,
alles so weh,
alles kalt,
so schwer,
überall Wasser,
kann Mamas Gesicht sehen,
höre Papas Schreie.

„Damian!
Greif meine Hand!
Bleib bei mir!
Wo ist deine Hand?"

Meine Hände taub,
keine Kälte,
kann nichts festhalten,
kann das Wasser nicht aufhalten,
sehe das Haus,
ich sinke,
alles verschwindet.

Seine Stimme im Tosen,
das Wasser verschluckt jedes andere Geräusch.

Was ist das für eine Welt?
Gott,
du bist doch da oben,
oder?
Siehst du,
dass wir hier sind?

Hörst du uns nicht rufen?
Das Wasser verschlingt uns,
niemand bleibt,
verstehst du das?

Das Haus am nächsten Morgen verschwunden,
das Land eine endlose Wasserfläche.

Nachwort

Dieses Buch ist ein Produkt fortlaufender Mensch-Maschine-Interaktion. Sowohl der Sachteil als auch die Kurzgeschichten wurden mit generativer Künstlicher Intelligenz erzeugt und in zahlreichen Iterationen vom Autor editiert und kuratiert. Verwendet wurden vor allem *OpenAIs* Modelle *GPT 4o* und *o1*, ergänzt durch gelegentliche Unterstützung von *Perplexity AI*.

Der Sachteil entstand in einem strukturierten Prozess. Ein Basisprompt (Eingabeaufforderung) diente zur Entwicklung eines Konzepts und eines Inhaltsverzeichnisses. Für jedes Unterkapitel wurden jeweils mehrere spezifische Prompts generiert, die zusammengeführt wurden und die Entwürfe der Unterkapitel generiert haben. In vielen Fällen wurden mehrere Kapitelversionen generiert, die der Autor übereinandergelegt, überarbeitet und in eine finale Version gebracht hat.

Eine typische Eigenschaft von GPT ist die Neigung zur Ambivalenz – es vermeidet häufig eindeutige Festlegungen und präsentiert ein Sowohl-als-auch. Das ist dem Gegenstand dieses Buches im Großen und Ganzen nicht abträglich, z. B. in der abwägenden Darstellung der Chancen und Risiken Künstlicher Intelligenz. Wo eine Festlegung nötig schien, hat der Autor eingegriffen, den Text präzisiert, mitunter zugespitzt oder pointierte Einschätzungen hinzugefügt.

Die Kurzgeschichten – die sogenannten Narrotive – entstanden ebenfalls über zahlreiche Iterationen hinweg. Auch hier wurden nach jeweiligen Basisprompts Parameter geändert, Plots verschärft, Stile angepasst, Merkmale der handelnden Personen modifiziert, Teilabschnitte generiert und hinzugefügt und Textteile immer wieder vom Autor ergänzt, gelöscht, umgeschrieben und allgemein editiert.

Durch die massive Bearbeitung und Kuratierung des Textes verbleibt das Urheberrecht beim Autor. Das Copyright für den Sachteil liegt beim Verlag, für die fünf Kurzgeschichten beim Autor.

Das mit den Kurzgeschichten eingeführte Narrotiv ist ein neues Erzählformat, das sich an den veränderten digitalen Lesegewohnheiten ausrichtet. Der Begriff ist ein Kofferwort aus „Narrativ" und „narrow" und verweist sowohl auf seine erzählerische Engführung als auch auf das schmale, vertikale Textgefälle. Das Narrotiv verzichtet auf die traditionelle Seitenfüllung des gedruckten Buches und nutzt stattdessen die endlose Scrollbewegung mobiler Geräte für eine fließende, intuitive Lektüreerfahrung.

Während in der analogen Literatur jede Seite als begrenzter Raum möglichst effizient genutzt werden musste, überwindet das Narrotiv das Konzept der Seite vollständig. Digitale Texte müssen weder Papier sparen noch sich an konventionelle Layouts halten. Stattdessen folgt das Narrotiv einer dynamischen, an mobile Endgeräte angepassten Form, die den Text nahtlos mit der natürlichen Bewegung des Daumens verbindet.

Diese Erzählweise spiegelt sich auch sprachlich wider: Der Text ist kompakt, unmittelbar und mündlich. Statt langer, verschachtelter Sätze dominiert eine direkte, paratakische und verkürzte Sprache – ein „mündlicher Realismus", der die Natürlichkeit gesprochener Sprache ernst nimmt. Dadurch entsteht eine besondere Nähe zu den zahlreichen Stimmen, die sich mitunter wie Kurznachrichten lesen.

Das Narrotiv erzeugt einen kontinuierlichen vertikalen Lesefluss, bei dem der Daumen den Text ohne Unterbrechung nach oben schiebt. Form und Medium verschmelzen zu einem immersiven Leseerlebnis.

Ob als Microfiction, Chatroman oder serielle Kurzgeschichte – das Narrotiv ist eine literarische Form, die den Rhythmus digitaler Kommunikation aufgreift und in eine schlanke Erzählstruktur übersetzt. Es ist eine Erzählform für die Hyper Generation.